O PODER MILAGROSO PARA ALCANÇAR RIQUEZAS INFINITAS

DR. JOSEPH MURPHY

O PODER MILAGROSO PARA ALCANÇAR RIQUEZAS INFINITAS

Tradução
Maria Clara De Biase W. Fernandes

2ª edição

Rio de Janeiro | 2025

TÍTULO ORIGINAL:
Miracle Power for Richer Living

COPIDESQUE:
Júlia Ribeiro

REVISÃO:
Eduardo Carneiro

DESIGN DE CAPA:
Renan Araújo

CIP-BRASIL. CATALOGAÇÃO NA PUBLICAÇÃO
SINDICATO NACIONAL DOS EDITORES DE LIVROS, RJ

M96p   Murphy, Joseph, 1898-1981
O poder milagroso para alcançar riquezas infinitas / Joseph Murphy ; tradução Maria Clara De Biase W. Fernandes. - 2. ed. - Rio de Janeiro : BestSeller, 2025.

Tradução de: Miracle power for richer living
ISBN 978-65-5712-145-0

1. Riqueza - Aspectos religiosos. 2. Finanças pessoais - Aspectos religiosos. 3. Pensamento Novo. I. Fernandes, Maria Clara de Biase W. II. Título.

22-76602

CDD: 299.93
CDU: 279.22

Meri Gleice Rodrigues de Souza - Bibliotecária - CRB-7/6439

Texto revisado segundo o novo Acordo Ortográfico da Língua Portuguesa.

Copyright © 2016 JMW Group, Inc.
jmwgroup@jmwgroup.net
All rights reserved by JMW Group, Inc. Exclusive worldwide rights in all languages
available only through JMW Group.
www.Jmwforlife.com
Copyright da tradução © 2022 by Editora Best Seller Ltda.

Todos os direitos reservados. Proibida a reprodução,
no todo ou em parte, sem autorização prévia por escrito da editora,
sejam quais forem os meios empregados.

Direitos exclusivos de publicação em língua portuguesa para o Brasil
adquiridos pela
Editora Best Seller Ltda.
Rua Argentina, 171, parte, São Cristóvão
Rio de Janeiro, RJ – 20921-380
que se reserva a propriedade literária desta tradução.

Impresso no Brasil

ISBN 978-65-5712-145-0

Seja um leitor preferencial Record.
Cadastre-se e receba informações sobre nossos lançamentos e nossas promoções.

Atendimento e venda direta ao leitor:
sac@record.com.br

Sumário

Prefácio

Como este livro pode lhe trazer riquezas 9

Características únicas deste livro 12

Alguns destaques deste livro 13

Capítulo 1 15
O segredo do poder milagroso das riquezas infinitas

Capítulo 2 27
Como explorar o poder milagroso capaz de torná-lo rico imediatamente

Capítulo 3 39
Como os ricos ficam mais ricos e como você pode se juntar a eles

Capítulo 4 51
Como reclamar seu direito às riquezas infinitas agora

Capítulo 5 71
Como sintonizar formas de pensamento milagroso aumentará sua riqueza

Capítulo 6 83
Como dizer as palavras exatas que lhe trarão dinheiro

Capítulo 7 93
Como ativar a máquina psíquica de dinheiro

Capítulo 8 105
Como desenhar e usar um mapa psíquico do tesouro

Capítulo 9 117
Como a lei do aumento infinito multiplica sua riqueza

Capítulo 10 129
Como abrir a porta para riquezas instantâneas e ter uma vida luxuosa

Capítulo 11 139
Como escolher e alcançar seus objetivos de riqueza imediatamente

Capítulo 12 149
Como escutar as vozes suaves e inaudíveis que podem guiá-lo para a riqueza

Capítulo 13 161
Como seus sonhos com dinheiro podem torná-lo rico — O segredo da osmose psíquica

Capítulo 14 173
Como usar a surpreendente lei que revela todos os segredos do dinheiro

Capítulo 15 185
Como se carregar do magnetismo do dinheiro

Capítulo 16 197
Como obter automaticamente uma colheita abundante de
bênçãos preciosas

Capítulo 17 209
Como invocar a Presença Curadora para trazer as riquezas que
você deseja

Capítulo 18 221
Como usar a magia da mente para fazer as riquezas fluírem

Capítulo 19 235
Como começar a viver como um rei quase da noite para o dia

Capítulo 20 249
O plano vitalício para riquezas infinitas

Prefácio

Como este livro pode lhe trazer riquezas

Você já se fez as seguintes perguntas?

- Por que algumas pessoas são muito ricas e outras são pobres?
- Por que uma pessoa é bem-sucedida em um negócio enquanto a outra fracassa no mesmo ramo?
- Por que uma pessoa reza por riqueza e não obtém nenhuma resposta enquanto um membro de sua família reza e consegue resultados imediatos?
- Por que uma pessoa usa afirmações sobre dinheiro e sucesso e se torna mais pobre enquanto outra usa afirmações idênticas e obtém resultados maravilhosos?
- Por que uma pessoa tenta vender a própria casa ou propriedade há um ano ou mais, sem sucesso, enquanto o vizinho consegue vender a casa ou propriedade dele em alguns dias?
- Por que algumas pessoas são muito bem-sucedidas como vendedoras em uma determinada área enquanto outras pessoas na mesma área fracassam?
- Por que algumas pessoas avançam profissionalmente enquanto outras, com as mesmas credenciais, trabalham duro a vida inteira e não conseguem nada que valha a pena?
- Por que algumas pessoas têm todo o dinheiro de que precisam para atingir seus objetivos e outras não conseguem pagar as contas?

O PODER MILAGROSO PARA ALCANÇAR RIQUEZAS INFINITAS

- Por que tantas pessoas religiosas, boas e gentis estão sempre sem dinheiro enquanto outras têm todo o dinheiro de que precisam e o usam sabiamente?
- Por que tantas pessoas ateias, agnósticas e não religiosas são bem-sucedidas, prósperas, e se tornam imensamente ricas, gozando de ótima saúde, enquanto muitas pessoas religiosas, boas, corretas, éticas e gentis sofrem de doenças, escassez, infelicidade e pobreza?
- Por que alguns dão e nunca recebem nada em troca e outros dão e recebem muito?
- Por que algumas pessoas têm casas bonitas e luxuosas enquanto outras vivem em favelas ou em casas em ruínas?
- Por que o rico fica mais rico e o pobre fica mais pobre?
- Por que uma pessoa é feliz no casamento e tem uma vida próspera enquanto a outra está sozinha e frustrada?
- Por que a crença de uma pessoa a torna rica e a crença de outra a torna pobre, doente e fracassada na vida?

Este livro responde a todas as perguntas anteriores e é extremamente simples e prático. Ele é destinado aos que desejam experimentar todas as riquezas ao redor. Você está aqui para levar uma vida plena e feliz, com todo o dinheiro de que precisa para fazer o que quiser, quando quiser. O dinheiro deveria circular livremente em sua vida, e sempre deveria haver um excedente para você.

Você pode obter resultados instantâneos se usar as leis da mente do jeito certo. Há técnicas simples e práticas e planos fáceis de cumprir em todos os capítulos deste livro, permitindo-lhe pôr imediatamente em prática a arte de viver a vida de forma gloriosa, rica e abundante. Você encontrará instruções detalhadas sobre

PREFÁCIO

como se tornar rico. Neste livro, há muitos exemplos de homens e mulheres que não tinham um centavo ou perspectiva alguma. Apesar disso, aprenderam a explorar o tesouro da mente subconsciente e encontraram seu verdadeiro lugar na vida, atraindo, então, todas as riquezas de que precisavam para ter uma vida plena, feliz e próspera.

Ao escrever os capítulos deste livro, tive em mente o vendedor, o ajudante de garçom, a dona de casa, o estenógrafo, o homem de negócios, o balconista, o empresário, o estudante, o interno no hospital e todos aqueles que precisam de dinheiro e o querem para realizar seus sonhos, aspirações e ambições na vida. Por isso, você descobrirá em cada capítulo numerosas técnicas simples e extremamente práticas, o que fazer e como fazer para impregnar sua mente subconsciente, sabendo que sempre que imprimir a ideia de riqueza em seu subconsciente do modo certo, você experimentará as riquezas à sua espera na tela do espaço cósmico. Tornar-se rico é simples assim!

Todas as histórias contadas neste livro são de homens e mulheres dos Estados Unidos e de outros países (porque meus livros são publicados em muitos idiomas) que se tornaram imensamente ricos e bem-sucedidos ao usarem as leis espirituais e mentais aqui descritas em detalhes. Eu poderia acrescentar que essas pessoas "pertenciam" a diversas religiões conhecidas, e algumas eram ateias, agnósticas e sem nenhum tipo de afiliação religiosa! Contudo, aplicando as poderosas forças impessoais descritas neste livro, prosperaram de modo magnífico e se transformaram, gozando a prosperidade para uma vida verdadeiramente mais rica.

Até onde eu sei, essas pessoas, pelo que escreveram e por suas conversas pessoais, vieram de todas as faixas de renda, algumas até mesmo falidas e sem um centavo sequer, e de todos os níveis sociais. Todas acumularam riquezas e atingiram seus objetivos de vida usando os poderes de suas mentes subconscientes do modo certo. Assim, estão sempre destinadas a seguir em frente e vencer todos os obstáculos para a obtenção de riquezas ilimitadas.

Características únicas deste livro

Você ficará surpreso com a simplicidade e praticidade deste livro. Fórmulas e técnicas simples e funcionais que qualquer um pode usar no mundo do trabalho serão apresentadas. As características especiais deste livro o agradarão e vão elucidar e revelar o motivo pelo qual frequentemente muitas pessoas obtêm o oposto daquilo que pediram. Este livro também lhe mostrará de maneira objetiva o porquê.

A velha queixa que você ouve com frequência é: "Por que eu rezei tanto e ainda assim não tive nenhuma resposta?" Neste livro você encontrará a resposta simples para essa queixa comum. Os diversos planejamentos simples, as fórmulas e as técnicas para impregnar sua mente subconsciente e conseguir as respostas certas tornam este livro extraordinariamente valioso para extrair do tesouro da eternidade que há dentro de você todas as riquezas de que precisa — espiritual, mental, material e financeira. Eles lhes permitirão ter uma vida plena, feliz, rica e alegre.

Deus abundantemente nos dá todas as coisas para delas gozarmos.

(I Timóteo 6:17)

PREFÁCIO

Alguns destaques deste livro

Os destaques a seguir são apenas alguns dos muitos pontos interessantes deste livro:

- Como um engenheiro em um grande aperto financeiro quebrou o feitiço da fixação e depois de alguns dias obteve um adiantamento de US$25 mil que resolveu os problemas dele.
- Como uma filha revelou as riquezas da Presença Curativa Infinita para a mãe, dando-lhe uma transfusão de fé e confiança e promovendo uma maravilhosa recuperação da mente e do corpo dela.
- Como uma jovem corretora se transformou em um incrível sucesso mantendo um quadro mental de conquistas e riquezas.
- Como um jovem banqueiro acalma a mente e obtém do subconsciente maravilhosas respostas financeiras para si mesmo e seus clientes.
- O motivo pelo qual alguns não têm respostas dos respectivos subconscientes e como superar isso.
- Como uma psicóloga prestes a perder tudo em um processo recebeu o que lhe era devido ao direcionar o subconsciente para o caminho certo.
- Como uma jovem secretária traçou um mapa do tesouro e recebeu US$50 mil subitamente, viajou ao redor do mundo, se casou com um homem maravilhoso e hoje tem uma bela casa mobiliada de forma magnífica.
- Como uma viúva tentando vender uma casa há mais de um ano sem sucesso seguiu as instruções deste livro e recebeu, três dias depois, US$100 mil pela casa, que era o preço que ela queria.

O PODER MILAGROSO PARA ALCANÇAR RIQUEZAS INFINITAS

- Como uma atriz desempregada subitamente se tornou uma estrela de cinema e se casou com um homem rico e importante usando imagens mentais.
- Como um homem seguiu as instruções para usar uma Imagem Magistral e descobriu um poço de petróleo, comprou uma bela mansão, quatro carros e, três meses depois, obteve um patrimônio de meio milhão de dólares. Está escrito: "Quem persevera será coroado."
- Como um vendedor com poucas perspectivas para o futuro se tornou gerente de vendas e passou a ganhar US$30 mil mais benefícios. Ele praticou a técnica de pensamento-imagem deste livro.
- Como uma jovem espanhola usou uma das técnicas deste livro e encontrou US$2 mil em um envelope na rua, o que lhe permitiu levar a mãe em uma viagem para o México.

Há um modo simples, prático, lógico e científico que sempre funciona para que você tenha todas as coisas boas da vida, além de todo o dinheiro de que precisa para si mesmo e sua família. Quero dizer positiva, definitiva, inquestionável e decididamente que usando as instruções neste livro você colherá os frutos da vida rica, feliz e bem-sucedida que deseja para si mesmo.

Deixe este livro guiá-lo. Releia-o repetidas vezes, faça exatamente o que ele diz e você abrirá a porta para riquezas incríveis que esperam por você. E uma vida mais nobre, melhor e gratificante pode ser sua. Desta página em diante, sigamos à luz do verdadeiro conhecimento prático até o dia que você tem esperado chegue, e todas as sombras do medo e do fracasso que pode estar experimentando simplesmente desapareçam. Então, milagre dos milagres, você é a pessoa rica que sempre desejou ser.

Joseph Murphy

CAPÍTULO 1
O segredo do poder milagroso das riquezas infinitas

Deus lhe deu o direito inato de ser rico, o que significa que você está aqui para expressar a plenitude da vida em toda a sua glória. Você existe na Terra para levar uma vida feliz, alegre e gloriosa — em outras palavras, uma vida mais abundante. Infinitas riquezas são onipresentes, e você deveria começar a perceber que a casa do tesouro da infinitude está nas profundezas de seu subconsciente. Comece agora a extrair dessa maravilhosa mina de ouro dentro de você tudo de que precisa — dinheiro, amigos, uma linda casa, beleza, companheirismo e todas as bênçãos da vida. Você pode conseguir tudo que quer quando usa a técnica apropriada, isto é, quando usa o *know-how*, a habilidade da realização.

Dave Howe, um velho amigo meu, falou-me sobre dois geólogos que se formaram na mesma universidade e foram criados na mesma cidade. Um sabia sobre o tesouro que tinha na mente; o outro, não, e dependia de fatores externos como aparências, condições e topografia geral do solo. Este homem passou três semanas em uma certa área em Utah com todos os equipamentos modernos de sua profissão e não encontrou nada. O outro homem, com o equipamento mental certo, percorreu a mesma área e, de imediato, encontrou um veio de urânio e um veio de prata.

Onde estava a abundância, a riqueza? Acho que você concluirá que as verdadeiras riquezas estavam na mente do segundo geólogo, que acreditava em um princípio orientador em seu subconsciente que o levaria direto para a riqueza escondida.

O maior segredo do mundo

Recentemente, um homem me disse que o maior segredo sendo revelado hoje estava no campo genético, e que agora, como resultado da ciência moderna, era possível alterar os genes humanos básicos, o que nos permitiria criar quantos Einsteins, Beethovens, Edisons etc. quiséssemos. Ele não percebeu que o Espírito Vivo (Deus) está dentro do homem e não pode ser mudado; é o mesmo de ontem, hoje e sempre. O homem é mais do que seu corpo, suas características hereditárias, sua árvore genealógica, a cor de sua pele e de seus olhos e a forma de seu corpo.

O homem só é transformado de um modo: pela transformação de sua mente. *Transformai-vos pela renovação da vossa mente* (Romanos 12:2).

Outros dizem que viagem interplanetária e fissão nuclear representam os maiores segredos dos nossos tempos. O maior segredo é que o Reino de Deus está dentro do ser humano, o que significa que a Inteligência Infinita, a Sabedoria Ilimitada, o Poder Infinito, o Amor Eterno e a resposta para todos os problemas na face da Terra estão trancados em sua mente subconsciente.

O ser humano busca o maior segredo do mundo em toda parte, menos dentro de si mesmo. Comece agora a explorar esses imensos poderes e começará a levar uma vida plena e feliz baseado em... *Deus, que de tudo nos provê ricamente, para a nossa satisfação* (I Timóteo 6:17). *Eu vim para que as ovelhas tenham vida, e a tenham em abundância* (João 10:10).

Seu direito de ser rico

É normal e natural que você deseje prosperidade, sucesso, realização e reconhecimento em sua vida. Você deveria ter todo o dinheiro de que precisa para fazer o que quiser e quando quiser. Não há nenhuma virtude na pobreza, porque a pobreza é uma questão mental, e deveria ser abolida da face da Terra. A riqueza é um estado mental, assim como a pobreza. Nós nunca erradicaremos todas as favelas do mundo enquanto não eliminarmos as favelas, a crença na pobreza e a carência da mente da humanidade.

Durante aconselhamentos particulares e conversas com pessoas ao redor do mundo, assim como durante entrevistas com pessoas depois de palestras, tanto aqui como no exterior, tenho ouvido a velha e constante ladainha: "Não há nada que US$25 mil ou US$50 mil não curem em minha vida." Isso se refere, é lógico, àqueles que sofrem de constrangimento pecuniário e passam por dificuldades financeiras. Eles não conseguem perceber que a riqueza é, na verdade, um pensamento-imagem na mente e que, se seguirem as técnicas simples descritas neste livro, usando a mente subconsciente, a riqueza fluirá para eles em abundância.

É um direito seu e de sua família ter comida excelente, roupas boas, a casa ideal e todo o dinheiro necessário para comprar as coisas boas da vida. Você precisa separar um tempo todos os dias para meditação, oração, relaxamento e lazer, e deveria dispor de tempo e recursos necessários. Prosperar significa começar a evoluir mental, espiritual, intelectual, social e financeiramente.

Como ele descobriu as riquezas da própria mente

Recentemente conversei com um homem que dizia estar em uma maré de azar e infelicidade. Ele tinha uma casa, mas foi hipotecada ao máximo. Não tinha dinheiro suficiente para suprir as necessidades básicas da família. Além disso, não conseguia nem mesmo pagar a hipoteca ou as compras de mercado.

Suas despesas médicas estavam sendo pagas pelo irmão e, em suas palavras, a vida dele estava uma bagunça.

Explorando as riquezas do subconsciente

Eu expliquei para esse homem como a Inteligência Infinita dentro do subconsciente poderia lhe revelar tudo que ele precisava saber em todos os momentos; que ele poderia obter inspiração, orientação, ideias novas e criativas e uma solução para os problemas financeiros. Acrescentei que se ele usasse o subconsciente corretamente, isso também forneceria todo o dinheiro de que precisava e que poderia experimentar mais liberdade financeira do que jamais sonhou.

Então, eu lhe apresentei duas ideias abstratas: riqueza e sucesso. Ele concordou que a riqueza está em toda parte e que ele nasceu para ser bem-sucedido e vencer no jogo da vida, porque o Poder Infinito dentro de si mesmo não falha. Com a minha sugestão, ele relaxou, ficou tranquilo à noite e repetiu devagar e com sinceridade, com profunda compreensão, "Riqueza, sucesso. Riqueza, sucesso", levando essas ideias para as profundezas do sono. Ele entendeu que tudo que imprimisse em sua mente subconsciente seria amplificado e multiplicado na tela do espaço.

O segredo disso é que a última ideia que temos antes de dormir fica gravada na mente subconsciente. Todas as noites, enquanto

O SEGREDO DO PODER MILAGROSO DAS RIQUEZAS INFINITAS

ele repetia estas duas palavras, "Riqueza, sucesso", estava ativando e liberando os poderes latentes do subconsciente e, sendo a lei do subconsciente impositiva, ele foi compelido a expressar riquezas e sucesso.

Como o subconsciente respondeu

Esse homem, reconhecendo que sua fonte de suprimento era a própria mente subconsciente, provou que ela nunca falha quando usada da maneira correta e de modos imprevisíveis satisfaz suas necessidades independentemente das circunstâncias. Ofereceram--lhe US$25 mil em dinheiro por um terreno que ele tinha há dez anos, cujos pagamentos mensais estavam atrasados, e tentava sem sucesso vender há mais de um ano. O terreno era necessário para um novo prédio que os compradores queriam construir imediatamente. Ele descobriu que riquezas infinitas estavam ao seu redor, assim como em seu interior.

O pensamento na mente do homem foi o elemento de conexão com o tesouro da infinitude. A Inteligência Infinita dentro do seu subconsciente só pode fazer *para* você o que puder fazer *através* de você. Seus pensamentos e sentimentos controlam seu destino. Posso lhe garantir que esse homem, usando a técnica que lhe apresentei, nunca mais será privado do necessário em sua vida.

As riquezas do ouvido que escuta e do coração que entende

Recentemente recebi uma carta maravilhosa de uma viúva que ouve todas as manhãs meu programa no rádio. Eis a essência da carta. Ela contou que o marido havia morrido um ano antes sem deixar nenhum seguro. A mulher tinha três filhos para sustentar, a casa estava hipotecada e na conta bancária havia apenas US$500. Amigos pagaram as despesas do funeral. Ela escreveu: "Eu ouvi você citar a Bíblia: *O meu Deus há de prover magnificamente todas as vossas necessidades, segundo a Sua glória* (Filipenses 4:19). E você elaborou a ideia dizendo que, se nos sintonizarmos com o Infinito dentro de nós e acreditarmos em nosso coração, independentemente do que de fato precisarmos para nos abençoar, confortar, suprir ou inspirar, a Divina Presença responderá, conforme está escrito: *Antes que me chamem, eu lhes responderei; estarão ainda falando e já serão atendidos* (Isaías 65:24).

Eu me sentei e comecei a pensar em Deus suprindo todas as minhas necessidades e me ouvindo enquanto eu estava rezando, e uma grande sensação de paz e harmonia me invadiu. Cerca de duas horas depois, meu cunhado chegou e me disse que sabia da minha difícil situação e também estava consciente dos hábitos de consumo e do desregramento do irmão."

Ele lhe disse que queria cuidar dela e dos três filhos pequenos, garantindo que ela e as crianças nunca seriam privadas das coisas boas da vida. Deu-lhe um cheque administrativo de US$10 mil e, com seu advogado e contador, tomou providências para que uma quantia fosse enviada semanalmente à cunhada pelo resto da vida. Isso foi feito na forma de um fundo fiduciário legalmente instituído, que cuidou das crianças também.

A viúva, reconhecendo que Deus supre todas as suas necessidades e que mesmo antes de pedir a resposta está dentro dela, provou para si mesma a existência do inesgotável reservatório em seu interior.

O segredo da promoção e das riquezas estava dentro dele

Um jovem advogado que havia perdido alguns casos estava triste, desanimado e cheio de autocrítica e autocondenação. Ele tinha enfrentado muitos reveses financeiros e estava bastante endividado. Eu expliquei que os pensamentos dele são criativos e que, nessas condições e circunstâncias, acontecimentos e experiências refletem exatamente seus pensamentos e suas imagens mentais costumeiras. Salientei que assim como os pensamentos dele produziam carência e limitação, pensamentos de paz, sucesso, prosperidade, ação certeira e abundância, sustentados regular e sistematicamente, reproduziriam tudo isso, do mesmo modo como não colhemos uvas dos espinheiros ou figos dos abrolhos. Porque a lei diz que o ser humano é aquilo em que pensa o dia inteiro.

Além disso, *um pensamento espiritual é mais poderoso do que dez mil pensamentos negativos*, e os pensamentos que você origina de forma sincera e intencional criarão para você o que quer que deseje experimentar daqui para frente.

Eu apresentei a ele um programa para cumprir e pedi que se lembrasse frequentemente das riquezas do Infinito em seu subconsciente. Então, ofereci a técnica de oração a seguir. Ele fez a afirmação de forma lenta, calma e sincera, de três a quatro vezes por dia:

Hoje é o dia de Deus. Eu escolho harmonia, sucesso, prosperidade, abundância, segurança e ação correta divina. A Inteligência Infinita me revela modos melhores de servir. Eu sou um ímã espiritual e mental, atraindo inevitavelmente para mim homens e mulheres abençoados, confortados e satisfeitos com meus conselhos e minhas decisões em prol deles. Sou divinamente guiado o dia inteiro, e o que quer que eu faça irá prosperar. A Justiça, a Lei e a Ordem Divinas governam todas as minhas realizações e tudo que eu começar resultará em sucesso. Eu conheço a lei da minha mente, e estou totalmente consciente de que todas essas verdades que reitero estão agora entrando em minha mente subconsciente, e elas se manifestarão. Isso é maravilhoso.

Ele insistiu que nunca negaria o que afirmava. Quando pensamentos de carência, medo ou autocrítica lhe ocorressem, imediatamente os reverteria, afirmando: *O Senhor é meu pastor, nada me faltará* (Salmos 23:1).

Alguns anos se passaram, e hoje esse jovem subiu a escada do sucesso: ele agora é um juiz proeminente. Quando seus pensamentos são os pensamentos de Deus, o poder de Deus está em seus pensamentos para o bem.

Como um corretor tirou a sorte grande

Um corretor de imóveis que assiste às minhas palestras nas manhãs de domingo e ouve meu programa no rádio me disse que suas vendas estavam diminuindo muito e que ele havia incorrido em muitas obrigações financeiras, ficando profundamente endividado. Acrescentou que não vendia nenhuma propriedade ou casa havia oito meses.

Conversando com ele, descobri que era invejoso, ciumento e altamente crítico em relação às técnicas e aos processos de vendas de outros corretores que realizavam vendas quase diárias. Salientei que a inveja e o ciúme gerados por ele mesmo tenderiam a empobrecê-lo e a atrair todos os tipos de carência, limitação e infortúnio a si próprio. Eu o fiz ver que o pensamento é criativo, e aquilo que você pensa e deseja para o outro, cria para si mesmo, pelo simples motivo de que você é o único pensador em seu universo, responsável pelo que pensa sobre os outros e sobre si mesmo.

Ele então reverteu sua atitude mental e começou a sinceramente desejar a seus colegas sucesso, realização, riqueza e todas as bênçãos da vida. Sua oração constante é:

Eu sou um filho do Infinito e Suas riquezas fluem para mim livre, alegre e infinitamente. Sou engrandecido de todas as maneiras com felicidade, paz, riqueza, sucesso e ótimas vendas. Agora estou pondo em movimento as riquezas de minha mente mais profunda e resultados magníficos se seguirão. Eu sei que colherei o que eu plantar, porque está escrito: *Formarás os teus projetos, que terão feliz êxito e a luz brilhará em tuas veredas* (Jó 22:28).

Hoje ele é um gerente de vendas capaz de ensinar aos outros como vender de maneira sábia, criteriosa e construtiva. O Livro de Provérbios diz: *Miséria e vergonha a quem recusa a disciplina* (Provérbios 13:18).

Meditação para uma vida abundante

Repita a meditação a seguir para ajudá-lo a resolver seus problemas e ter uma vida abundante:

Eu sei que prosperidade significa crescer espiritualmente em todos os sentidos. Deus está me tornando próspero agora, em mente, corpo e negócios. As ideias de Deus constantemente se desenvolvem dentro de mim, trazendo-me saúde, riqueza e expressão divina perfeita.

Eu vibro por dentro ao sentir a vida de Deus vitalizando cada átomo do meu ser. Sei que a vida de Deus está me animando, sustentando e fortalecendo. Agora estou expressando um corpo radiante e perfeito, cheio de vitalidade, energia e poder.

Meu negócio ou minha profissão é uma atividade divina. E como é um assunto de Deus, é bem-sucedido e próspero. Imagino e sinto uma plenitude interior operando através de meu corpo, minha mente e assuntos mundanos. Dou graças e me rejubilo na vida abundante.

Pontos importantes a lembrar neste capítulo

1. Você está aqui para levar uma vida próspera, uma vida repleta de felicidade, alegria, saúde e riquezas. Comece agora a liberar as riquezas do tesouro dentro de você.

2. As verdadeiras riquezas estão dentro da sua mente subconsciente. Um geólogo que acreditava no princípio orientador de sua mente subconsciente encontrou o tesouro na terra imediatamente; seu colega, por falta de fé, havia trabalhado naquela área durante três semanas sem encontrar nada.

3. O maior segredo do mundo é que Deus habita o ser humano, mas o ser humano comum procura por riqueza, sucesso, felicidade e abundância em toda parte, exceto dentro de si mesmo. Deus é o Princípio da Vida, a Inteligência Infinita e o Poder Infinito dentro de qualquer pessoa, disponível de imediato para todos por meio do pensamento humano.

4. A pobreza é uma questão mental. A crença na pobreza e na carência produz carência e limitação. Riqueza é um estado mental. Acredite nas riquezas e as receberá. Antes de finalmente banirmos as favelas e a pobreza, devemos banir as favelas e falsas crenças da mente do ser humano.

5. Você pode explorar as riquezas de seu subconsciente reivindicando orientação, abundância, prosperidade, segurança e ação correta. Adquira o hábito de meditar sobre essas verdades e seu subconsciente responderá de acordo.

6. Se você dormir todas as noites com duas ideias, as de riqueza e sucesso, sabendo que ao repeti-las você estará ativando os poderes latentes de sua mente mais profunda, será incitado a expressar riqueza e sucesso.

7. A Inteligência Infinita em seu subconsciente só pode fazer por você o que puder fazer por meio de você. Seu pensamento e sentimento controlam seu destino.

8. Quando você acredita que a natureza da Inteligência Infinita em sua mente subconsciente reage à natureza de seu pedido, as respostas sempre vêm de modos que você não conhece.

9. Seus pensamentos são criativos. Cada pensamento tende a se manifestar em sua vida. Pensamentos de promoção, riqueza, expansão e realização, desde que você não os negue depois, se manifestarão segundo sua natureza. Você se promove e atende à própria prece porque isso é feito segundo sua fé.

10. Ao afirmar riqueza, sucesso, ação correta e promoção, tome o cuidado de não negar depois o que afirmou. Seria como misturar ácido e álcali, e você obteria uma substância inerte. Em outras palavras, pare de neutralizar seu bem. Pensamentos são coisas. Você atrai o que sente e se torna o que imagina.

11. Certifique-se de que não sente inveja ou ciúme do sucesso, dos bens e da riqueza dos outros. Seu pensamento é criativo, e se você for invejoso ou crítico em relação àqueles que acumularam riqueza e honras, se empobrecerá em todos os sentidos. Seu pensamento é criativo e o que você pensa sobre o outro tende a criar-se em sua experiência.

12. O que você realmente sentir ser verdade e projetar em sua vida definitivamente se concretizará. *Formarás os teus projetos, que terão feliz êxito e a luz brilhará em tuas veredas* (Jó 22:28).

13. Use a meditação no fim do capítulo para ter uma vida mais abundante.

CAPÍTULO 2
Como explorar o poder milagroso capaz de torná-lo rico imediatamente

A Bíblia diz: *Se tu podes crer, tudo é possível ao que crê* (Marcos 9:23). Crer é aceitar que algo é verdadeiro. Quando você analisa a raiz da palavra inglesa *believe*, aprende que ela significa *to be alive*, estar vivo, isto é, tornar vivas as verdades de Deus, sentindo a realidade delas no coração. Vai muito além de uma aquiescência consciente ou teórica — significa que você deve sentir no coração a verdade do que afirma.

É a crença na mente dos homens que determina a diferença entre sucesso e fracasso, saúde e doença, felicidade e infelicidade, animação e desânimo, riqueza e pobreza. Você é rico de verdade quando está familiarizado com a Presença e o Poder Infinitos dentro de si mesmo, o que os homens chamam de Deus. É rico de verdade quando sabe que seu pensamento é criativo, que você atrai o que sente e se torna o que imagina. É rico quando conhece o processo criativo de sua mente, de que tudo que imprime em sua mente subconsciente será projetado na tela do espaço como forma, função, experiência e acontecimentos.

Como ele descobriu as riquezas interiores

Um jovem engenheiro me disse: "Eu estou em um grande aperto e tenho rezado continuamente sem chegar a lugar algum." Eu lhe sugeri que não era necessário rezar assim, como se temesse esquecer, mas deixar a cargo da Inteligência Infinita de sua mente subconsciente. Expliquei-lhe que quebraria o feitiço da fixação e descobriria as riquezas espirituais dentro de si mesmo rezando para outra pessoa — John, o vizinho, ou May, que morava na mesma rua e era conhecida por enfrentar um terrível problema cardíaco etc. — duas vezes por dia. Também sugeri que rezasse por alegria, dizendo: "A alegria do Senhor é minha força; sabendo que essa alegria é o elã da vida, a expressão da vida." Ele não deveria usar nenhuma força de vontade ou coerção mental nessa abordagem espiritual e mental.

Alguns dias depois, a solução para o problema dele surgiu do nada. Ele me disse: "Eu estava prestes a perder tudo quando um velho amigo me ajudou, adiantando-me US$25 mil que resolveram todos os meus problemas." Esse homem havia descoberto as riquezas que estão no Tesouro Infinito da mente subconsciente.

Ela descobriu as riquezas do pensamento criativo

Uma jovem estava bastante preocupada com a mãe, que sofria de dores de estômago crônicas. Os tabletes digestivos e remédios antiespasmódicos que o médico prescrevera não aliviavam suas dores. A filha reservava meia hora pela manhã e meia hora todas as noites para rezar pelo estômago da mãe — afirmava que o estômago era uma ideia divina, que era perfeito, que sua digestão era perfeita etc. O lamentável resultado foi que ela mesma começou a sentir problemas no estômago.

Eu lhe expliquei que, para ajudar a mãe, ela não deveria se identificar com o problema estomacal dela e parar de reservar um tempo para isso, porque sua atitude estava contribuindo para o problema por essa estreita associação. Ela adquirira o hábito de marcar um horário com as dores estomacais da mãe. Era como uma espécie de contrato de trabalho.

Como o pensamento criativo dela a curou

Ela mudou o procedimento e parou de se concentrar em órgãos específicos e outras condições corporais. Identificou-se com a Presença Curativa Infinita na mente subconsciente e começou a afirmar de modo calmo, sincero e amoroso que a Presença Curativa e Inteligência no subconsciente, que criaram o corpo da mãe, estavam energizando, curando e recuperando todo o ser dela em harmonia, saúde, paz e plenitude. Ela meditou calmamente sobre essas verdades por um período de tempo razoável, sentindo que essa oração em particular era o melhor que podia fazer naquele momento, e que depois rezaria de novo quando sentisse necessidade. Os resultados dessa abordagem foram notáveis, e não apenas todo o sofrimento da mãe desapareceu, como ela também se libertou.

Solidariedade e compaixão

O motivo de essa mulher ter adoecido enquanto rezava pela mãe foi porque, na verdade, ela se solidarizou, afundando, portanto, na areia movediça com a mãe. Compaixão consiste em pisar em solo firme e atirar uma corda ou um galho de árvore para o outro e puxá-lo para fora. Solidariedade significa concordar com os aspectos negativos ou nefastos da condição, o que tende a agravar o problema e de fato ampliá-lo. O motivo disso é que, qualquer que seja o foco de sua atenção, o subconsciente o amplia enormemente.

Dar as riquezas do Infinito para a pessoa doente

Todas as riquezas do Infinito, tais como inspiração, orientação, fé, confiança, alegria, harmonia, amor, paz, abundância e segurança, estão dentro de você. Portanto, ao visitar uma pessoa doente, cabe a você elevá-la em seu pensamento e sentimento, dando-lhe uma transfusão de fé e confiança no poder curativo do subconsciente dela. Você também pode lhe dar coragem e compreensão. Lembrá-la de que para Deus tudo é possível e imaginá-la inteira, radiante, alegre e livre. Sentir pena da pessoa doente e sofrer com ela significa puxá-la para baixo, e essa é uma abordagem muito negativa. Seja compassivo e evoque a Presença Curativa no subconsciente dela, e isso a curará e abençoará, restaurando-lhe a mente e o corpo. *Refrigera a minha alma* (Salmo 23:3).

Você é o mestre de seus pensamentos — não o servo

Seu pensamento cria. Todo pensamento tende a se manifestar e fazer sua mente consciente reagir de acordo com a natureza dele. Você pode conduzir seus pensamentos como conduz seu carro. Pensamentos são coisas. Seu pensamento-imagem de um rádio, de um televisor, de um automóvel, riqueza, saúde ou uma viagem à Europa é uma realidade em sua mente. Se todos os automóveis do mundo fossem destruídos por algum holocausto, um engenheiro conseguiria redesenhar o veículo se baseando no pensamento-imagem em sua mente e em um curto período teríamos milhões de carros.

Seu pensamento é o único instrumento com o qual você pode trabalhar e rende fabulosos dividendos ao direcionar seus pensamentos de maneira sábia, construtiva e criteriosa. Seu pensamento trabalha com uma exatidão matemática: produz limitação e carência se você pensa em pobreza; e expansão, crescimento e prosperidade quando você pensa de acordo.

O pensamento era o ímã

Uma jovem corretora muito bem-sucedida disse-me que todo o sucesso dela se devia ao fato de que mantinha um quadro mental de sucesso em seu trabalho e que esse era o ímã que atraía os clientes e as condições que correspondiam exatamente a seu pensamento e sentimento.

Esta era sua prece de todas as manhãs: "Eu sou um ímã mental e espiritual, atraindo todas as pessoas que querem o que eu tenho a oferecer. Há uma troca divina de ideias entre nós; as pessoas são abençoadas e eu também. Determino que haja harmonia, abundância, ação correta e inspiração, e sei que minha mente subconsciente aceita estas verdades e suposições."

Essa corretora se vê divinamente orientada em todos os sentidos. Sua mente subconsciente é a sede do hábito, e enquanto ela continua a reivindicar ação certa e abundância regular e sistematicamente, está sob uma compulsão subconsciente de fazer, falar e agir do modo certo. Esse é o significado de dizer que "pensamentos são coisas".

Ele aquieta a mente e age

Durante uma conversa recente que tive com um proeminente banqueiro, ele me disse que há alguns anos tendia a olhar apenas para as condições externas, além de se opor e resistir a circunstâncias e atitudes de sócios. Contudo, agora percebe que é a mente quieta que age. O homem aquieta seu corpo periodicamente, diz a ele para ficar parado e relaxado, e o corpo tem de obedecer. Quando a mente consciente está quieta, calma, pacífica e receptiva, a sabedoria do subconsciente vem à tona e ele obtém respostas e soluções maravilhosas.

Como ele se tornou um bom executivo

É preciso um bom executivo para extrair as riquezas da mente subconsciente. Um bom executivo tem a perspicácia e sagacidade mental para delegar tarefas; então ele mantém as mãos longe do trabalho que delegou a outro. Um executivo ruim, seja nos negócios, na ciência, na arte, na indústria ou na educação, está sempre mexendo na massa que pediu a outro que preparasse.

Quando você rezar, seja um bom executivo e aprenda a delegar poder à sua mente subconsciente, que tudo sabe e tudo vê, e cumprirá a tarefa a seu próprio modo. Quando você rezar ou buscar por uma resposta, delegue seu pedido ou desejo para sua mente subconsciente com toda a fé e confiança, sabendo que o que quer que seja transmitido para o subconsciente se concretizará.

Você saberá se realmente delegou seu pedido pelo modo como se sente, isto é, se está se perguntando como, quando e por meio de que fonte ou se está ansioso e apreensivo, você não confia de verdade na sabedoria de seu subconsciente. Pare de atazanar ou importunar seu subconsciente. Quando você pensa em seu desejo, delicadeza é importante; lembre-se de que aquela Inteligência Infinita está cuidando disso na Ordem Divina.

Como ele descobriu as riquezas da mente

Tive recentemente uma conversa com um velho amigo, cujo médico o havia informado de que era imperativo que parasse de fumar. Ele fumava quatro maços por dia e sentia que não era capaz de abandonar o hábito.

Eu lhe expliquei uma verdade muito antiga: "Quando seu desejo e sua imaginação estão em conflito, sua imaginação sempre vence." À minha sugestão, ele realizou duas sessões por dia consigo mesmo, nas quais ficou quieto e receptivo, afirmando e visualizando o seguinte:

> Tenho agora liberdade e paz de espírito. Sei que quando acredito e afirmo essas verdades, elas invadem minha mente subconsciente, e serei obrigado a parar de fumar, porque

a lei de meu subconsciente é uma imposição. Em minha imaginação, vejo o médico à minha frente. Ele acabou de me examinar e está me parabenizando por ter abandonado esse hábito e por minha saúde perfeita.

Ele realizou sessões como essa todos os dias por aproximadamente uma semana, período em que obteve uma resposta do subconsciente e descobriu que não tinha mais nenhum desejo de fumar. Ele havia conseguido impregnar a mente mais profunda com esse pensamento habitual e com essa imagem. O médico confirmou de forma objetiva o que ele estivera pensando e visualizando subjetivamente. Foi assim que ele descobriu as riquezas da mente subconsciente.

As riquezas de deixar para lá e permitir que Deus ajude

Uma psicóloga estava envolvida em um difícil processo que exigia dela atenção frequente e idas ao tribunal. Sua terapia de oração era esta: "Eu deixo para lá e deixo a sabedoria divina e a ação correta divina de meu subconsciente resolver isso. Esqueço o assunto e deixo para lá." Sempre que ela precisava entrar em contato com o advogado ou outros envolvidos, declarava silenciosamente: "O Deus Presente em mim é onisciente e está cuidando disso na Ordem Divina." Ela me disse: "Eu não estou mais vigiando o Deus Presente em mim para saber como, quando, onde ou por meio de qual fonte isso será resolvido. Deixo para lá e deixo Deus cuidar disso."

A consequência dessa nova atitude mental foi interessante: o principal oponente no processo morreu certa noite enquanto dormia e os demais requisitaram um acordo imediato. Houve um ajuste divino e ela ficou livre de todos os problemas legais.

O futuro pode ser maravilhoso para você

Não desperdice energia e força vital remoendo velhos aborrecimentos, rancores e mágoas. Fazer isso é como abrir uma sepultura — tudo o que você encontrará será um esqueleto. Concentre sua atenção nas coisas boas da vida e perceba que o futuro será maravilhoso porque você sabe que seus atuais pensamentos harmoniosos irão germinar e crescer, produzindo frutos maravilhosos como saúde, felicidade, abundância e paz de espírito.

Lide com o seu passado e nunca toque mentalmente em uma experiência negativa ou um trauma ocorrido. Permaneça fiel a essa atitude mental e perceba que, quando você mudar seus pensamentos atuais e os mantiver assim, mudará seu destino.

Ela descobriu as riquezas da oração científica

Uma mãe estava muito perturbada e agitada porque o filho de 18 anos havia fugido de casa depois de uma briga com o pai. Ele largou a universidade e se juntou a uma comunidade hippie. A mãe estava fora de si, e o médico teve de lhe prescrever sedativos fortes para acalmar-lhe a mente e o corpo. Conversando com ela, salientei algumas verdades simples, como: você não é dona de seu filho; ele nasceu de você, mas não para você. O Princípio da Vida é o progenitor comum. Todos nós somos filhos de um Pai, ou Espírito Autogerado. Seu filho está aqui para crescer, se desenvolver e superar dificuldades, desafios e problemas, o que lhe permitirá descobrir os poderes dentro de si mesmo e liberar os próprios talentos para o mundo. Você não pode ajudá-lo com a mente agitada, raiva e ressentimento.

Com a minha sugestão, ela decidiu libertá-lo por completo. Ela afirmou:

Eu entrego meu filho totalmente a Deus. Ele é divinamente guiado de todos os modos e seu intelecto é ungido pela Sabedoria Divina. A Lei e a Ordem Divinas reinam supremas em sua vida. Ele é guiado para seu verdadeiro lugar e está se expressando em seu mais alto nível. Eu o entrego e o deixo ir.

Ela permaneceu fiel a essa oração e diariamente postulava paz, harmonia, alegria e amor divino para si mesma. Algumas semanas depois, o filho voltou para a universidade, livrou-se de seus velhos fantasmas e agora está se saindo bem na carreira acadêmica. Ele se comunica com ambos os pais, mas a mãe não se sente mais possessiva. Ela descobriu as riquezas do Amor Divino e da liberdade.

A mulher parou de pensar do ponto de vista de circunstâncias e condições e começou a pensar daquele ponto de vista interior em que não há circunstâncias. A partir daí pôde decretar quais condições deveriam estar de acordo com a Lei e a Ordem Divinas. Então deixou que a sabedoria do subconsciente cuidasse de tudo.

Como pensar em termos de abundância

Pense regular e sistematicamente na vida, iluminação, inspiração, harmonia, prosperidade, felicidade, paz e vida mais abundante — pense nessas verdades em vez de qualquer outra condição. Confie em que o operador de sua mente subconsciente concretizará todas essas ideias que você está contemplando do modo mais adequado para seu caso particular. Esse é um modo maravilhoso de ingressar em uma vida mais abundante.

Meditação para ter o poder da fé

Use a meditação a seguir para ajudá-lo a garantir o poder da fé:

A oração da fé salvará o doente, e o Senhor o levantará (Tiago 5:15). Eu sei que não importa qual foi a negação de ontem, minha prece ou afirmação da verdade se erguerá de modo triunfante sobre ela hoje. Eu sinto constantemente a alegria da prece atendida. Caminho o dia inteiro em direção à Luz. Hoje é o dia de Deus, é um dia glorioso para mim, porque é cheio de paz, harmonia e alegria. Minha fé no bem está escrita em meu coração, e eu a sinto em meu íntimo. Estou totalmente convencido de que há uma Presença e uma Lei perfeita que recebe a impressão do meu desejo agora e atrai irresistivelmente para minha experiência todas as coisas boas que meu coração deseja. Agora coloco toda a minha fé e confiança no Poder e na Presença de Deus em mim; estou em paz.

Eu sei que sou um convidado do Infinito e Deus é meu anfitrião. Ouço o convite do Santíssimo dizendo: *Vinde a mim todos vós que estais cansados e carregados de fardos, e Eu vos darei descanso* (Mateus 11:28). Eu descanso em Deus e tudo está bem.

Pontos importantes a lembrar neste capítulo

1. Acreditar é aceitar algo como verdadeiro. A fé faz a diferença entre o sucesso e o fracasso, a riqueza e a pobreza, a saúde e a doença. Acredite nas riquezas do Poder Infinito na sua mente subconsciente e você as experimentará.

2. Quando você estiver em um "grande aperto", afaste a tensão rezando de forma sincera por alguém muito doente ou com um grave problema, e subitamente seu problema será resolvido.

3. Quando rezar por um ente querido, certifique-se de não se identificar com a enfermidade ou qualquer parte da anato-

COMO EXPLORAR O PODER MILAGROSO
CAPAZ DE TORNÁ-LO RICO IMEDIATAMENTE

mia da pessoa. Perceba que a Presença Curativa Infinita está fluindo através do ente querido como harmonia, saúde, paz e alegria. Visualize o ente querido radiante e feliz. Medite silenciosamente sobre essas verdades e reze de novo quando sentir necessidade. Milagres acontecem quando você reza dessa maneira.

4. Solidariedade significa afundar na areia movediça com o outro, e isso não ajuda o doente. Tenha compaixão e dê ao doente uma transfusão de fé, confiança e amor, sabendo que para Deus tudo é possível.

5. Seu pensamento é criativo, e todo pensamento tende a se manifestar. Você pode conduzir seus pensamentos do mesmo modo como conduz seu carro. Pensamentos são coisas. Seu pensamento-imagem de riqueza, sucesso e realização é o ímã que atrai para você tudo que corresponde ao seu pensamento-imagem.

6. A mente tranquila alcança resultados. Diga a seu corpo para ficar imóvel e aquiete sua mente pensando na Inteligência Infinita de seu subconsciente, que sabe a resposta. Quando sua mente consciente está quieta e seu corpo está relaxado, a sabedoria de seu subconsciente chega à mente que está na superfície.

7. Um bom executivo sabe como delegar poder. Você precisa ser um bom executivo ao usar sua mente. Entregue seu pedido para seu subconsciente com fé e confiança, e obterá a resposta apropriada. Você sabe quando realmente o entregou, porque está em paz.

8. Você pode abandonar o tabagismo ou qualquer mau hábito declarando liberdade e paz de espírito, e ao mesmo tempo imaginando um amigo ou médico parabenizando-o por sua liberdade. Quando você afirma e visualiza uma aversão

ao tabaco, seu subconsciente assume e o incita a se libertar do vício.

9. Muitos têm descoberto a sabedoria de entregar um sério problema doméstico ao Deus Presente, confiando em que a Sabedoria e Inteligência Divinas trarão o melhor para todos. A oração é: "Eu saio de cena e deixo Deus assumir o comando." Isso trará o resultado perfeito.

10. Sepulte o passado e nunca guarde velhas queixas ou ressentimentos. O futuro é seu pensamento presente manifestado. Pense regular e sistematicamente em harmonia, beleza, amor, paz e abundância, e terá um futuro maravilhoso.

11. Quando um filho sair de casa com raiva, faça esta oração: "Eu entrego meu filho totalmente a Deus. Ele é divinamente guiado de todos os modos e o Amor Divino cuida dele." Sempre que você pensar em seu filho, abençoe-o silenciosamente sabendo que "Deus o ama e cuida dele". Quando fizer isso, o que quer que aconteça será bom.

12. Pense nas riquezas infinitas dentro de sua mente subconsciente. Pense em harmonia, paz, alegria, amor, orientação, ação certeira, sucesso — tudo isso são princípios da vida, e quando você pensa na vida mais abundante, ativa os poderes latentes dentro de si mesmo. Seu subconsciente o incita a expressar a vida abundante aqui e agora. Pensamentos são coisas.

13. Use a meditação com a finalidade de garantir para si mesmo o grande poder da fé.

CAPÍTULO 3
Como os ricos ficam mais ricos e como você pode se juntar a eles

A Bíblia diz: *Deus, que abundantemente nos dá todas as coisas para delas gozarmos* (I Timóteo 6:17). As riquezas são de sua mente. Há um princípio orientador dentro de você que pode conduzi--lo para a realização dos desejos de seu coração. A prosperidade é um estado de consciência, uma atitude mental, uma aceitação das riquezas do Infinito.

O mundo inteiro já estava aqui quando você nasceu. A vida foi uma dádiva a você. Na verdade, você não está aqui apenas para ganhar a vida, porque ela lhe foi dada de presente. Você está aqui para expressá-la e revelar seus talentos ocultos para o mundo. Quando você possuir o *know-how* para explorar sua mente subconsciente, nunca mais ficará apenas desejando qualquer coisa boa durante toda a sua vida — seja saúde, paz de espírito, expressão verdadeira, companheirismo seja uma casa linda e todo o dinheiro de que precisa para fazer o que quiser, quando quiser. O segredo de seu subconsciente visto em *Your Infinite Power to Be Rich* [Seu Poder Infinito para ficar rico, em tradução livre] é o próprio pensamento. Seu pensamento é criador! Comece a pensar regular e sistematicamente em sucesso, realização, vitória, abundância e vida boa. O pensamento cria isso.

Ela descobriu que o pensamento-imagem dela era riqueza

Alguns anos atrás fiz uma excursão pela Península Ibérica, e visitei muitos lugares famosos na Espanha e em Portugal. Havia umas trinta pessoas nessa viagem. Uma mulher com quem conversei em Salamanca, Espanha, disse-me que sempre tivera vontade de visitar o local porque seus antepassados eram de Málaga, um dos lugares que visitamos. Ela não tinha os recursos necessários, mas havia lido *Your Infinite Power to Be Rich* e pegado todos os folhetos e fotos de templos famosos e cidades que visitaríamos. Sua técnica era fascinante, como é mostrado a seguir.

Todas as noites, antes de dormir, ela se concentrava no Hotel Malaga Palacio, cuja foto estava no folheto. Então imaginava que estava realmente dormindo naquele hotel e olhando para os belos arredores pela janela. Ela realizou esse procedimento por cerca de cinco noites. Um dos jovens no escritório casualmente mencionou que também iria para o local; eles se interessaram um pelo outro e ficaram noivos antes da viagem. O jovem pagou todas as despesas dela como um presente pré-nupcial.

Esse acontecimento ilustra o modo como funciona a mente mais profunda, sempre amplificando o que você deposita nela. Essa mulher não só recebeu o presente da viagem, como também um pedido de casamento e um anel de noivado de US$2 mil. Seu subconsciente lhe rende juros compostos e o que quer que você deposite nele é amplificado e multiplicado muitas vezes. O pensamento-imagem dela lhe demonstrou onde todas as riquezas estão.

Como ele invocou a lei do crescimento

Na excursão anteriormente mencionada, visitamos a cidade de Sevilha, que personifica a verdadeira Espanha mais do que qualquer outro lugar naquele país. Mais de meio milhão de pessoas ali partilham a rica história que inclui fenícios, romanos, mouros — todos deixaram suas marcas na cidade. Sua universidade foi fundada em 1502 e Sevilha deu ao mundo dois de seus maiores pintores: Murillo e Velázquez.

Conversando com um dos guias no hotel, soube que ele havia deixado Nova York quando tinha 14 anos e desenvolvido um profundo desejo de ir para a cidade de seus ancestrais, a fim de aprender idiomas e se tornar um guia, viajando pela Europa e atuando como intérprete para turistas. Invocou os poderes do subconsciente de um modo simples, sem um conhecimento consciente de como isso funcionava. Eis o que ele fez.

O guia escreveu em uma folha de papel que queria ir para Sevilha estudar e trabalhar para pagar seu treinamento enquanto aprendia a falar espanhol, francês e alemão. Afirmou isso muitas vezes por dia. Disse que algo surpreendente aconteceu em seu décimo quinto aniversário: sua tia, que morava em Boston, escreveu para seu pai (irmão dela) pedindo-lhe permissão para levá-lo a Sevilha como companhia e para visitar parentes. Quando estavam na cidade havia mais ou menos uma semana, ela se dispôs a pagar todas as despesas da universidade do rapaz e sustentá-lo com a permissão do pai.

A oração constante desse guia é: *O próprio Deus do céu é quem nos fará triunfar* (Neemias 2:20). Insistindo nos pedidos que escrevera, ele conseguiu imprimi-los em sua mente subconsciente, que reagiu atendendo-os de seu modo único.

Como acompanhar seu estado mental

O Senhor empobrece e enriquece; humilha e exalta (I Samuel 2:7). O Senhor é o poder supremo de sua mente subconsciente, chamado de Pai interior. É Ele quem realiza as obras. É Ele quem domina seu pensamento. Se sua convicção dominante é que tem direito a todas as coisas boas da vida, como saúde, riqueza, amor, expressão verdadeira e vida abundante, você experimentará isso. Em contrapartida, se sente que está destinado a ser pobre e que as coisas boas da vida estão fora do seu alcance, você está se colocando em uma situação de carência, privação, frustração e submissão autoimposta.

Lembre-se de que seu pensamento tem poder: ele cria

Todo pensamento que você formula tende a se manifestar, exceto se for neutralizado por um pensamento mais forte e poderoso. Todos os homens e mulheres que colhem mais bens no mundo revelam uma consciência da riqueza e alegre antecipação do que há de melhor. Tudo que você vive é resultado da lei de sua mente. Insistindo na ideia do bem aumentando e a nutrindo e mantendo, o homem extrai mais riquezas da vida para si mesmo. Por sua vez, o homem que só pensa em diminuição, carência e limitação amplifica as perdas. A lei do subconsciente é aumentar qualquer ideia implantada nele. A experiência dos que cultivam pensamentos negativos atrairá cada vez mais perdas.

Comece a praticar a lei do crescimento

Lembre-se de que qualquer objeto ao qual você dedique atenção especial tenderá a crescer e se multiplicar em sua vida. A atenção é o segredo da vida. Pense em aumento em todos os sentidos. Sinta que é bem-sucedido e próspero, porque o sentimento de riqueza produz riqueza. Deseje a todos ao seu redor sucesso, felicidade e abundância, sabendo que quando você deseja mais riqueza e felicidade para os outros, também atrai para si mesmo mais das riquezas de Deus. Quando você irradia abundância e riquezas para os outros, eles assimilam subconscientemente seus pensamentos e são beneficiados pelo sentimento de riquezas e abundância que emana de você.

Você pode silenciosamente fazer a oração a seguir para todas as pessoas que encontra: "Deus lhe deu todas as coisas para desfrutar em abundância, e você é mais próspero do que jamais sonhou." Essa simples oração operará milagres em sua vida.

Como usar a lei do crescimento em seus negócios na carreira

Quando você se der conta de forma silenciosa, amorosa e sincera de que seus pensamentos de riqueza, sucesso, prosperidade e saúde criam todas as condições e circunstâncias em que concentra sua atenção, você automaticamente criará todas as condições necessárias para seu progresso. Além disso, se verá atraindo cada vez mais pessoas que se tornarão clientes, amigos e sócios e o ajudarão a realizar seus sonhos. Você atrairá subconscientemente para si mesmo os homens e as mulheres que vivem na consciência das riquezas de Deus.

Um empresário de Beverly Hills me revelou há algum tempo a chave de seu tremendo sucesso e sua grande popularidade com os clientes. Todas as manhãs, quando abre a loja, ele declara: "Todos que entram aqui são abençoados e prosperaram, inspirados e enriquecidos de todos os modos." Ele conhece a verdade, que é: *Formarás os teus projetos, que terão feliz êxito, e a luz brilhará em tuas veredas* (Jó 22:28).

Por que o homem rico ficou com a casa que era do homem pobre

Não muito longe de onde eu moro, a esposa de um homem lhe dizia com frequência para parar de falar sobre tempos difíceis, perda de dinheiro, falência etc. Contudo, ela falou que o marido insistia em imaginar falência e perda da casa, constantemente dizendo "Eu não consigo pagar a hipoteca, nós vamos perder nossa casa, sei que vou falir, o negócio vai mal, as coisas nunca dão certo para mim", e assim por diante. Ele constantemente falava em privação, falência e tempos difíceis, e experimentou um resultado indesejado. A instituição de crédito hipotecário lhe tomou a casa e ele faliu. Um vizinho bem-sucedido e próspero a comprou por um valor muito baixo da instituição de crédito hipotecário. Também comprou a loja que o homem havia desocupado e está prosperando de modo maravilhoso.

É por isso que os ricos ficam mais ricos e os pobres ficam mais pobres. Jó disse: *Todos os meus temores se realizam, e aquilo que me dá medo vem atingir-me* (Jó 3:25). A lei da mente é boa e perfeita. Um homem não pode começar a pensar regularmente em perda, privação, falência e fracasso e esperar prosperar e ser bem-sucedido. O homem rico, que caminha com a consciência do sucesso e da prosperidade, vendo a riqueza como o ar que respira, fica com a antiga loja e a casa do homem pobre. Você não pode pensar no mal e colher o bem, assim como não pode pensar no bem e colher o mal. A lei da mente é perfeita. Ela retrata o que está impresso em si. O homem pobre, um termo que significa que o homem não sabe como operar e extrair as riquezas da própria mente, pode, a qualquer momento que quiser, começar a praticar a lei da opulência e novamente atrair para si mesmo prosperidade, sucesso e todos os tipos de riqueza.

As recompensas de conhecer a lei da opulência

Você pode conhecer as características de uma laranja provando-a e comendo-a. Pode conhecer as riquezas de seu subconsciente aplicando a lei da opulência. Um empresário me disse que a fonte de riqueza estava dentro dele e reagia à sua fé nos recursos inesgotáveis das riquezas infinitas de sua mente subconsciente. Sua oração de todas as manhãs e noites é: "Eu sou eternamente grato pelas riquezas de Deus, que estão sempre ativas e presentes e são imutáveis e abundantes." Nunca falta a esse empresário todo o dinheiro de que precisa para gerir sua empresa e abrir novas filiais.

Ouça a verdade e nada lhe faltará

O Espírito Infinito, a fonte de todas as bênçãos do mundo e de todas as coisas nele contidas, está dentro de você. Você não é dono de nada no Universo; Deus, ou Espírito, é o dono de tudo. Você é um administrador a serviço do Divino e está aqui para usar a riqueza do mundo de maneira sábia, criteriosa e construtiva, pedindo sabedoria divina para lidar com todos os seus bens terrenos. Quando você for para a próxima dimensão, não levará consigo nada além dos tesouros da sabedoria, verdade e beleza que plantou em sua mente subconsciente. Sua fé e confiança na bondade e alegria de Deus, que são sua força, representam as verdadeiras riquezas que você leva consigo para a quarta dimensão da vida — esses são os tesouros do paraíso (sua mente).

Neste plano da terceira dimensão em que vivemos, você deve se dar conta de que o mundo está disponível para você desfrutá-lo: o gado em mil colinas é seu; a canção dos pássaros é sua; você pode desfrutar as estrelas no céu, o orvalho da manhã, o pôr e o nascer do sol; pode olhar para as colinas, para as montanhas e para os vales e sentir o doce perfume das rosas, assim como o aroma do feno recém-cortado. Todas as riquezas no solo, no ar e no mar são suas. Há frutos que apodrecem nos trópicos suficientes para alimentar toda a humanidade. A natureza é generosa, pródiga, extravagante e, de fato, esbanjadora.

A intenção e a vontade de Deus é que você leve uma vida plena e feliz. Você deveria viver em uma linda casa, cercado de luxo; deveria ter roupas bonitas, constantemente se vestindo para Deus e se lembrando da beleza indescritível e infinita, da ordem, simetria e proporção do Infinito. Você deveria ter todo o dinheiro de que precisa circulando livremente em sua vida, permitindo-lhe fazer o que quiser, quando quiser. Seus filhos deveriam ser criados em lugares bonitos e em uma atmosfera agradável e divina. Além disso, eles deveriam aprender sobre os recursos infinitos nas profundezas de suas mentes, e sendo capazes de explorar as riquezas de seus subconscientes, nunca serão privados das coisas boas.

Como explorar a fonte inesgotável de riqueza

Reconheça a fonte infinita em seu subconsciente, e então invoque a grande lei da opulência e do aumento em todos os sentidos, da seguinte maneira:

Deus é a fonte de meu suprimento, seja de energia, vitalidade, ideias criativas, inspiração, amor, paz, beleza, ação correta ou da riqueza de que preciso. Eu sei que é tão fácil para os poderes criativos de meu subconsciente se tornarem todas essas coisas quanto se tornarem uma folha de grama. Agora estou me apropriando mentalmente delas e experimentando ótima saúde, harmonia, beleza, ação correta, grande prosperidade e todas as riquezas de minha mente mais profunda. Eu exalo vibração e boa vontade para todos. Estou servindo melhor a cada dia. As riquezas de Deus estão fluindo infinitamente para minha experiência, e sempre há um excedente divino. Todos esses pensamentos estão adentrando meu subconsciente e se manifestando como abundância, segurança e paz de espírito. Isso é maravilhoso.

Você colhe o que semeia em seu subconsciente. A Bíblia diz: *O deserto e o lugar solitário se alegrarão disto; e o ermo exultará e florescerá como a rosa* (Isaías 35:1).

Meditação diária para a vida próspera

Repetir a meditação a seguir todos os dias lhe trará uma vida próspera mais rápida e facilmente:

Olhai para os lírios do campo, como eles crescem; não trabalham nem fiam; e eu vos digo que nem mesmo Salomão, em toda a sua glória, se vestiu como quaisquer deles (Mateus 6:28). Eu sei que Deus está me fazendo prosperar de todos os modos. Agora estou levando uma vida abundante, porque acredito em um Deus de abundância. Obtenho tudo que contribui para minha beleza, meu bem-estar, meu progresso e minha paz. Experimento diariamente os frutos do espírito de Deus dentro de mim; aceito meu bem agora; caminho à luz de que tudo que é bom me pertence. Estou em paz, equilibrado, sereno e calmo. Sou um ser com a força da vida; todas as minhas necessidades são satisfeitas em todos os momentos do tempo e pontos do espaço. Agora trago 'todos os cestos vazios' para o Pai dentro de mim. A plenitude de Deus se manifestará em todas as áreas da minha vida. *Tudo o que o Pai tem é meu.* Eu me alegro por ser assim.

Pontos importantes a lembrar neste capítulo

1. O rico fica mais rico pelo simples motivo de que a consciência da riqueza e a expectativa de obter cada vez mais riquezas de Deus, que são onipresentes, atraem cada vez mais riqueza, saúde e oportunidades para a pessoa nesse estado mental.

2. O pensamento-imagem de riqueza produz riqueza; o pensamento-imagem de uma viagem resulta na oportunidade de fazê-la. Uma jovem começou a imaginar um hotel na Espanha, sentindo que estava lá e dormindo lá, e seu subconsciente abriu o caminho e ampliou sua impressão da viagem, acrescentando um noivado e um anel de diamante de US$2 mil. Seu subconsciente sempre amplifica.

3. Um jovem de 14 anos anotou seus desejos de estudar em uma universidade na Espanha para aprender idiomas, viajar e se tornar um guia e intérprete famoso para turistas. Ele continuou a meditar sobre o que havia escrito e conseguiu escrever seus pedidos no livro da vida dentro dele (seu subconsciente). Sua sabedoria subconsciente agiu na mente de sua tia, realizando todos os seus desejos.

4. Conscientize-se das riquezas de Deus, que estão por toda parte ao seu redor. Viva em alegre antecipação do melhor, e a lei da atração o fará atrair as riquezas do depósito infinito em sua mente subconsciente. Continue pensando em prosperidade, abundância, segurança e crescimento em todos os sentidos.

5. Tudo a que você dá atenção cresce, se amplifica e se multiplica em sua experiência. Mantenha sua atenção em coisas benéficas e maravilhosas. Irradie abundância, boa vontade e riqueza para os outros. Eles captarão isso subconscientemente, e você atrairá pessoas maravilhosas para sua vida. Elas prosperarão e você prosperará.

6. Um homem rico tem a atitude mental de que a riqueza é como o ar que ele respira, atraindo, portanto, cada vez mais todos os tipos de riqueza. O homem pobre, que constantemente fala e visualiza privação, falência e tempos difíceis, perde a casa e a loja, e em geral o homem rico mais próximo as compra por um preço muito baixo.

7. Você pode conhecer as riquezas do depósito infinito em seu interior reiterando e acreditando na oração a seguir: "Sou eternamente grato pelas riquezas de Deus, que estão sempre ativas e presentes e são imutáveis e eternas."

8. Deus lhe deu em abundância todas as coisas para desfrutar no Universo. A própria vida é um presente para você. O mundo inteiro já estava aqui quando você nasceu. Acredite e espere as riquezas do Infinito, e invariavelmente o melhor virá para você. Quando praticar essa simples verdade, o deserto de sua vida se alegrará e florescerá como a rosa.

9. Fortaleça sua fé em uma vida rica repetindo a meditação no fim do capítulo.

CAPÍTULO 4
Como reclamar seu direito às riquezas infinitas agora

Há alguns anos, no mês de maio, fiz uma viagem à Irlanda, à Inglaterra e à Suíça, e durante minha estada em Killarney, na Irlanda, visitei um parente. Acrescento que Killarney é um dos lugares mais bonitos do mundo. Poetas, artistas e escritores tentam expressar as várias cores e formas magníficas desse país das maravilhas de montanhas e lagos cercados por bosques exuberantes de bétulas, carvalhos e medronheiros.

Foi ali, em meio à beleza daquela paisagem rural, que meu parente contou a triste história de sua filha. Mary (não é o nome verdadeiro) estava perdendo peso rapidamente e se recusava a comer, e só o fazia sob pressão dos pais. O médico estava lhe dando injeções de fígado e vitaminas, e disse que ela era um caso perdido. Mary havia sido levada para uma consulta com um psiquiatra em Dublin, mas se recusou a falar com ele. O pai estava desesperado e, além disso, era muito crítico em relação a ela.

Eu tive três conversas com Mary, e na terceira conversa lhe perguntei diretamente: "Mary, é verdade que você está tentando ficar quite com seu pai, exercendo uma forma de vingança, porque ele prefere seu irmão a você, ou pelo menos dá mais atenção a ele?" Ela desabafou: "Sim, eu o odeio. Ele nunca encontra defeitos em meu irmão, mas está sempre me criticando, e vou fazê-lo lamentar isso." Salientei que ela estava lentamente cometendo suicídio, o que vai contra suas crenças religiosas; e também que seu corpo é um templo do Deus vivo, e ela está aqui para levar uma vida plena, feliz e rica. Acrescentei que ela teria corpo até a eternidade, e que destruir esse corpo não resolveria nenhum problema, provavelmente a deixando presa à Terra por um longo tempo, caminhando em um estado de atordoamento e confusão.

Essa explicação a assustou, e ela começou a chorar e insultar o pai com uma linguagem cruel e uma torrente de lágrimas.

O pai veio em seu socorro

Na presença do pai, discuti o assunto da filha, e ele desabou, chorando e admitindo que quisera um menino e que nunca havia demonstrado nenhum afeto ou amor por ela. A mãe de Mary havia morrido no parto. Ele se desculpou com a filha, pediu perdão e lhe jurou amor, apreço e ternura. Na verdade, a garota estava procurando amor. Ela desejava ser querida, amada, cuidada e necessária. Quando o pai chorou e afirmou um verdadeiro amor pela filha, atraiu a riqueza do Infinito, que é o verdadeiro amor.

Mary estivera silenciosamente dizendo para si mesma: "Eu sinto que devo passar fome e morrer. Ninguém me ama. Assim farei meu pai se importar comigo." Mas então, com a mudança de atitude do pai, ela chorou copiosamente e começou a fazer fartas refeições.

O amor liberta, concede, é o espírito de Deus. O amor abre as portas da prisão, liberta os cativos e todos os aprisionados por medo, ressentimento, hostilidade etc.

A oração que mudou a vida de Mary

Eu sei que meu corpo é o templo habitado por Deus. Honro e exalto a Presença Divina dentro de mim. O Amor Divino

COMO RECLAMAR SEU DIREITO ÀS RIQUEZAS INFINITAS AGORA

preenche minha alma, e Seu rio de paz flui o tempo todo através de minha mente e de meu coração. Eu consumo meu alimento com alegria, sabendo que ele é transmutado em beleza, harmonia, plenitude e perfeição. Sei que Deus precisa de mim onde estou, e assim me expresso divinamente. Sou amada, sou necessária, sou querida e sou apreciada por meu pai e por outros. Eu irradio amor, paz e caridade para todos, o tempo todo. Minha comida e minha bebida são ideias que Deus desenvolveu dentro de mim, tornando-me forte, inteira e cheia de energia divina.

Mary agora ocupa o subconsciente dela com essas verdades várias vezes por dia. Em sua última carta, disse-me que vai se casar com um fazendeiro local muito rico e está vibrando com sua nova vida e alegria interior. Ela de fato experimentou as riquezas do Infinito como o amor, o casamento, a paz interior e a abundância.

As riquezas da fé em um poder superior

Durante essa viagem pela Europa à qual me referi, pedi ao meu motorista irlandês para me levar a Glendalough, "O vale dos Dois Lagos", famoso por suas atrações históricas e arqueológicas. Ali, no século VI, são Kevin fundou um mosteiro e seu templo é visitado por muitas pessoas, na esperança de encontrar a cura para várias doenças.

Meu motorista me disse que gaguejava muito, riam dele na escola e o apelidaram de "Gago". Fora levado a fonoaudiólogos e psicólogos em Dublin e Cork City — em vão. Disse-me que seu pai, desesperado, o levara a Glendalough e posto na cela em que se acreditava que são Kevin dormira. O pai lhe dissera: "Se você dormir aqui por uma hora, ficará curado."

O motorista disse: "Eu acreditei em meu pai e segui suas instruções. Quando acordei, estava curado. Daquele dia (vinte anos atrás) em diante, nunca mais gaguejei."

O verdadeiro motivo da cura dele

Eu não abalei a fé cega daquele jovem, que simplesmente ativou e liberou o poder curativo da própria mente subconsciente. A mente daquele garoto de 8 ou 9 anos era muito impressionável. Sua imaginação foi inflamada, e ele sem dúvida acreditava que são Kevin intercederia por ele. Aquilo em que o menino acreditava aconteceu.

Só há um poder curativo, que é a Presença Curativa Infinita alojada no subconsciente.

As riquezas da verdadeira fé versus fé cega

A verdadeira fé consiste em saber que a Presença Infinita que o criou a partir de uma célula conhece todos os processos e as funções de seu corpo, e certamente sabe como curá-lo. Quando você se sintoniza conscientemente com o poder curativo de seu subconsciente, sabendo e acreditando que ele lhe atenderá, obtém resultados. Em outras palavras, a verdadeira fé é o uso combinado das mentes consciente e subconsciente, cientificamente direcionadas para um objetivo específico.

A fé cega consiste na crença em amuletos, encantamentos, talismãs, ossos de santos, certos santuários, águas curativas etc. Em outras palavras, é a fé sem nenhuma compreensão, e seu valor terapêutico é muitas vezes apenas temporário.

Eu sugiro que as pessoas doentes façam uso dos serviços de um médico e rezem não só por si mesmas, mas também pelo médico.

Eis os motivos para isso:

Honra o médico, porque ele é necessário; foi o Altíssimo quem o criou. De Deus lhe vem a sabedoria e do rei ele recebe presentes (...) O Senhor fez sair da terra os medicamentos; o homem sensato não os rejeita (...) O Altíssimo deu aos homens a ciência, para que pudessem honrá-lo por suas maravilhas. Filho, se adoeceres, não te descuides, mas roga ao Senhor e Ele há de curar-te (...) E recorre ao médico, pois a ele o Senhor criou. E ele não se afaste de ti, pois tens necessidade de seus serviços. Chega o momento em que a cura está em suas mãos, pois também eles rogarão ao Senhor para que os dirija e faça acontecer a cura (Eclesiastes 38:1-2).

Quando você rezar por saúde, a saúde deverá "brotar rapidamente". Se não vier, aja imediatamente indo ao seu médico, dentista, quiroprático ou cirurgião, o que lhe parecer mais apropriado. Lembre-se de que se você está sempre consciente do amor e da paz de Deus, nunca deveria ficar doente. Se seus dentes não crescem, sugiro que vá imediatamente a um dentista e reze para que Deus o oriente, que a Lei e a Ordem Divinas reinem supremas em sua vida, e você ficará satisfeito com sua nova prótese dentária.

Por que ele não experimentou as riquezas curadoras do Infinito

Um amigo meu em Waterford, na Irlanda, conseguiu para mim uma excursão à fábrica do lendário vidro da cidade. Testemunhei artesãos experientes fazendo o cristal, a matéria-prima do vidro Waterford florescendo em profundidade e brilho. Um dos artesãos lançou um raio de luz sobre a peça de cristal lapidado; então, a verdadeira glória de suas facetas, diamantes, caneluras e ovais brilhou em um indescritível espectro de beleza.

Mas o ponto a que quero chegar é que meu amigo era coxo, usava uma bengala e caminhava com grande dificuldade. Eu lhe perguntei se ele estava recebendo tratamento médico. Ele respondeu que sim, que lhe era ministrada cortisona e analgésicos. Então ele me perguntou: "Por que quando estive na Escócia e centenas de pessoas estavam presentes em uma reunião de cura na igreja em que fui, alguns deficientes físicos jogaram fora suas muletas, outros disseram que podiam ouvir pela primeira vez e quando o curador tocou em mim senti uma forte vibração por todo o meu corpo e pela primeira vez caminhei sem dor ou uma bengala, mas no dia seguinte estava mais coxo e pior do que nunca?"

Ele teve uma cura emocional temporária

Eu lhe expliquei que quando o chamado "curador" pôs as mãos sobre ele, manipulando sua perna e pedindo a Jesus que o curasse, ao mesmo tempo lhe dizendo que estava curado e podia andar, sob a influência do brilho das luzes, dos cânticos e da histeria emocional em massa, sem dúvida as emoções surgidas das profundezas de seu subconsciente lhe deram temporariamente o poder de caminhar sem a ajuda da bengala. Ao mesmo tempo, as sugestões hipnóticas o livraram da dor por um dia. Os efeitos das sugestões hipnóticas para o subconsciente são temporários. Era isso que ele havia experimentado.

No caminho para a recuperação

Meu amigo começou a ver que não tinha chegado à causa de sua condição. Começou a entender que a cura real e permanente provém do perdão, do amor, da boa vontade para com todos e de insight espiritual — as verdadeiras forças curativas. Ele admitiu que estava cheio de hostilidade, culpa, ressentimentos e raiva de muitas pessoas, e começou a perceber que suas emoções destrutivas contribuíam para sua condição. Sugeri que cooperasse com o médico, rezasse por ele e também o abençoasse, o que meu amigo prometeu fazer.

A oração que está ajudando meu amigo com artrite

Eis a oração que escrevi para ele:

> Eu me perdoo por nutrir pensamentos destrutivos e negativos em relação a mim mesmo e aos outros. Perdoo a todos total e livremente e lhes desejo saúde, felicidade, paz e todas as bênçãos da vida com sinceridade. Sempre que vier à minha mente uma pessoa de quem não gosto, imediatamente afirmarei: "Eu o libertei. Que Deus esteja com você." Sei quando perdoei os outros porque não sinto que minha mente está atormentada. A Presença Curadora Infinita e o rio de paz de Deus fluem através de mim. Sei que o Amor Divino satura todo o meu ser e que o amor de Deus dissolve tudo que é contrário a si mesmo. A Luz Curadora de Deus se concentra naquele ponto em minha mente em que o problema está e o elimina, abrindo espaço para o Espírito Santo (espírito da plenitude) habitar cada pensamento e cada célula. Agradeço pela cura que está ocorrendo agora, porque sei que toda cura vem do Altíssimo. Sei que Deus está guiando meu médico e o que quer que ele faça será uma bênção para mim.

Ele tem reiterado essas verdades lenta, silenciosa e sinceramente de manhã e à noite, sabendo que essas vibrações espirituais penetrarão em sua mente subconsciente, obliterando os padrões negativos nela alojados por anos de pensamentos destrutivos e perversos. A segunda carta que recebi dele dizia que o médico estava impressionado com o progresso dele e que os depósitos calcários, a inflamação e o edema estavam gradativamente diminuindo. Ele está no caminho para uma verdadeira cura espiritual, porque toda cura vem do Altíssimo. *Eu sou o Senhor que te sara* (Êxodo 15:26).

Como as riquezas da fé pagam dividendos em todas as fases da vida

O castelo de Blarney fica a oito quilômetros da cidade de Cork e é famoso por sua pedra, que, de acordo com a tradição, tem o poder de conferir eloquência a todos que a beijam. A palavra *blarney* significa conversa agradável destinada a enganar, sem ser ofensiva. Ao beijar a pedra, que se encontra na parede, a pessoa deve se inclinar para trás (segurando-se em um corrimão de ferro), e depois desse beijo o sortudo supostamente desenvolverá maravilhosos poderes de oratória.

Um clérigo que estava visitando o lugar me disse que antes seus sermões eram chatos e pouco convidativos, e depois, ao beijar a pedra, ele havia se tornado um grande orador, assim como as pessoas se amontoavam em seus sermões, de modo que a igreja ficava cheia sempre que pregava. Isso demonstra o poder da fé. A Bíblia diz: *Tudo é possível ao que crê* (Marcos 9:23).

Você concordará que nenhuma pedra tem poder de conferir o dom da oratória ou da eloquência, mas a fé e expectativa do homem acirram os poderes latentes nas profundezas da mente subconsciente que sempre estiveram lá, esperando para serem reconhecidos e usados. *Por esse motivo, eu te exorto a reavivar a chama do dom de Deus que recebeste pela imposição das minhas mãos* (II Timóteo 1:6).

As riquezas imediatas do insight mental e da compreensão

Um homem, que chamaremos de "Johnny", acompanhou-me em uma viagem ao Gap of Dunloe, em Killarney. Percorrer essa passagem montado em um robusto pônei de Kerry é uma experiência apreciada pelos visitantes. Na Idade do Gelo, geleiras esculpiram a montanha a partir das colinas ao redor. Os altos cumes dos Reeks, as sombras mutantes dos topos da montanha e o silêncio e a solidão da estrada margeada por penhascos se combinam e causam uma impressão inesquecível no visitante. Foi lá que meu companheiro teve um ataque agudo de asma. Ele usou uma bombinha que lhe deu certo alívio. Também aplicou em si mesmo uma injeção subcutânea de adrenalina.

Ele me disse que tinha um ataque por volta do meio-dia, todos os dias. Como um ataque às vezes era mais intenso do que outros, um médico lhe mostrou como usar uma agulha hipodérmica em caso de emergência. Quando a crise passou, ele desabafou: "Não me surpreende que eu tenha asma. Me pai teve asma a vida inteira, e eu estava presente quando ele morreu de um ataque." Ele estava culpando a hereditariedade, enquanto ao mesmo tempo me contava que fora adotado, o que obviamente excluía essa possibilidade.

Como a perturbação mental e emocional dele foi diminuída

Durante uma conversa franca, ele admitiu que odiava o pai adotivo desde que ele lhe contara que era adotado, possivelmente em um acesso de raiva: "Você não é meu filho de verdade. Eu o tirei da sarjeta e lhe dei um lar. Você é um filho ilegítimo." Foi um choque terrível para Johnny. Ele se sentiu culpado pela raiva e pelo ressentimento. Embora frequentemente confessasse esse erro, isso permaneceu reprimido nos recônditos da mente dele. Sendo uma emoção destrutiva e negativa, mais cedo ou mais tarde teria de haver um escape. Então, quando o pai adotivo morreu, ele assumiu os sintomas como uma forma de autopunição por seus pecados.

Eu lhe expliquei em detalhes o funcionamento da mente mais profunda e salientei que, embora ele sem dúvida se ressentisse muito do fato de ter nascido fora do casamento, aos olhos de Deus não existe essa coisa de "filho ilegítimo". O verdadeiro filho ilegítimo é aquele que tem pensamentos negativos e não segue a Regra de Ouro e a Lei do Amor. Ele havia apresentado o sintoma pelo único motivo de que achava que deveria ser punido e sofrer por causa de seu sentimento de indignidade e autorrejeição, além da raiva e do antagonismo em relação ao pai adotivo. Eu salientei que o pai adotivo havia feito o melhor que podia por ele e representado o duplo papel de pai e mãe. Disse-lhe que deveria perdoá-lo pela explosão de raiva.

Ele começou imediatamente a ver a luz, percebendo, ao mesmo tempo, que estava se punindo. Quando me levou de carro de volta para o hotel em Killarney, eu lhe dei um exemplar de *O poder do subconsciente* e escrevi uma oração especial para ele fazer várias vezes por dia, aconselhando-o também a que continuasse cooperando com seu médico.

Eis a oração:

Eu entrego totalmente a Deus meu pai adotivo e meu pai e mãe biológicos, conhecidos apenas na Mente de Deus.

Eu me perdoo por abrigar pensamentos destrutivos e negativos sobre mim mesmo e sobre os outros, e decido não fazer mais isso. Sempre que me ocorrerem pensamentos negativos, imediatamente afirmarei: "O amor de Deus preenche minha alma." Eu estou relaxado, equilibrado, sereno e calmo. Deus guia meu médico em tudo que ele me prescreve. O sopro do Altíssimo me deu vida, e sei que Deus soprou em mim a vida e me tornou uma alma viva com todos os poderes e atributos Dele dentro de mim. Eu inalo a paz de Deus e exalo o amor de Deus, e Deus flui através de mim em forma de harmonia, alegria, amor, paz, plenitude e perfeição.

Sugeri que ele afirmasse essas grandes verdades por cerca de cinco minutos de manhã, à tarde e à noite, e para nunca negar o que afirma. Quando pensamentos de medo ou indícios de sintomas surgissem, ele deveria dizer calmamente: "Eu inalo a paz de Deus e exalo o amor de Deus para todos."

Ao voltar para casa, em Beverly Hills, recebi uma linda carta dele dizendo que estava completamente livre de todos os sintomas e não tivera nenhum tipo de recorrência. Realmente, a explicação muitas vezes é a cura.

As riquezas do perdão

Em uma viagem à Inglaterra, a terra natal de William Shakespeare, que me levou a Stratford-upon-Avon, famosa por ser o lugar de nascimento do poeta e muito associada ao conto "Bardo imortal", conversei com uma jovem moça em um almoço em Warwick. Durante a conversa, disse-lhe que escrevia sobre as dimensões espirituais e psicológicas dos problemas da humanidade. Ela era enfermeira e havia tido uma persistente alergia cutânea durante dois anos. Tinha consultado eminentes dermatologistas ligados ao hospital em que trabalhava, e todos haviam prescrito várias loções e pomadas que não surtiram efeito algum.

Nós conversamos sobre linhas psicossomáticas e eu lhe falei sobre o trabalho de pesquisa da Dra. Flanders Dunbar, autora de *Emotions and Bodily Changes* (veja também *Healing Beyond Medicine*, de Daniel Snively). Dunbar diz que a pele é onde os mundos interior e exterior se encontram, e critica seus colegas quando eles não veem que muitas manifestações cutâneas são causadas por emoções negativas, como hostilidade, ressentimento e outras emoções prejudiciais ao nosso bem-estar. Em outras palavras, a pele é um órgão de eliminação, e venenos mentais resultantes de emoções reprimidas, como culpa, ansiedade e remorso, se transformam em sintomas físicos.

A jovem perguntou se poderia me ver antes de eu ir embora, e concordei alegremente em encontrá-la no St. Ermin's Hotel, na rua Caxton, onde sempre fico quando visito Londres.

A causa da coceira e da persistente alergia cutânea

Eu fui bastante franco com ela. Disse que percebia que ela se sentia muito culpada em relação a algo e acreditava na necessidade de punição, e que se confessasse a culpa e purificasse a mente, a alergia poderia desaparecer. Uma emoção reprimida no subconsciente mais cedo ou mais tarde se manifesta em um sintoma físico. Ela me confessou que era casada e o marido estava em uma missão governamental na Índia. Durante a ausência dele, tivera relações sexuais com o dentista, e estava cheia de remorso e culpa. Ela sentia que Deus a estava punindo por seus pecados.

Perdoar a si mesmo traz paz e libertação

Eu lhe expliquei que Deus, ou o Princípio da Vida, nunca pune, mas que o homem se pune por seu mau uso das leis da mente. Por exemplo, se você se corta, o Princípio da Vida ativa o polipeptídio trombina presente na coagulação e a inteligência subjetiva constrói a ponte, formando um novo tecido. Se você se queima, o Princípio da Vida não guarda ressentimento algum, mas tenta fazer a pele voltar ao normal reduzindo o edema, dando-lhe uma nova pele e um novo tecido. Se você come algo estragado, o Princípio da Vida o faz vomitar, porque sempre tenta lhe devolver a saúde. A tendência do Princípio da Vida (Deus) é curar, restaurar e tornar você inteiro.

Sendo uma enfermeira, ela entendia tudo isso. Então eu lhe fiz uma pergunta muito pertinente: "Você quer se livrar dessa alergia?" Ela imediatamente respondeu: "Sim." "Então", disse eu, "está bem. Tudo que você precisa é parar de fazer o que está fazendo agora e se perdoar, e seu problema acabará." Assim, ela decidiu, em meu quarto de hotel, parar de ver o dentista e parar de se condenar.

Expliquei a ela que a autocondenação e a autocrítica são venenos mentais destruidores que geram pus psíquico em todo o sistema, roubando a vitalidade, o vigor, a integridade e a força, deixando-nos física e psicologicamente destruídos. Salientei que tudo que ela precisava fazer era que todos os seus pensamentos se conformassem à Lei Divina de harmonia e amor. Um novo começo é um novo fim.

Nós rezamos juntos, afirmando que o Amor Divino, a paz e a harmonia estavam agora saturando todo o seu ser, e que ela era divinamente guiada e protegida por uma presença ofuscante. Em silêncio, por cerca de cinco minutos, nos concentramos em apenas

O PODER MILAGROSO PARA ALCANÇAR RIQUEZAS INFINITAS

uma coisa, no "Poder Curativo do Amor de Deus". Então eu a lembrei de uma grande verdade que deveria ser indelevelmente gravada na mente e no coração de todos: *Uma coisa eu faço, e é que, esquecendo-me das coisas que atrás ficam, e avançando para as que estão diante de mim, prossigo para o alvo, pelo prêmio da soberana vocação de Deus em Cristo Jesus* (Filipenses 3:13-14).

O prêmio que ela buscava era saúde, felicidade e paz de espírito. No fim de nossa meditação, uma luz interior brilhou em seus olhos, e ela sentiu algo lhe acontecer no silêncio — a alergia desapareceu totalmente. Nós nos juntamos e dissemos: *Pai, rendo-te graças, porque me ouviste. Eu bem sei que sempre me ouves* (João 11:41-42).

As riquezas da sabedoria e da compreensão

Uma velha amiga em Londres me visitou no St. Ermin's Hotel trazendo o filho de 12 anos, que ficava muito assustado à noite. Parecia que a escuridão o perturbava. Isso ocorria há dois anos. Eu perguntei à mãe o que havia acontecido dois anos antes que fora tão chocante para o garoto e poderia estar reprimido em sua mente mais profunda, já que a mente subconsciente nunca se esquece de nenhuma experiência, e o que queríamos saber era qual a emoção reprimida.

Ela se lembrou de que, há dois anos, a casa em que eles moravam em Liverpool havia pegado fogo no meio da noite, e o pai pusera seu casaco sobre o garoto para protegê-lo da fumaça. De repente o garoto me disse: "Papai estava me sufocando!" De fato, essa era a resposta para o problema.

Nós explicamos para o garoto que o pai só estava tentando protegê-lo e salvar sua vida, e que ele deveria irradiar amor para o pai e para a mãe. Eu aconselhei o garoto e a mulher, explicando que não importava o que tivesse acontecido no passado, isso poderia ser mudado agora ao preencher a mente subconsciente de padrões

COMO RECLAMAR SEU DIREITO ÀS RIQUEZAS INFINITAS AGORA

vivificantes, porque não há nenhum tempo ou espaço na mente e o inferior está sempre sujeito ao superior. Encher a mente do garoto das verdades de Deus tiraria da cabeça dele tudo que é diferente de Deus.

Dei à mãe uma oração para o filho e pedi ao garoto que também a fizesse antes de dormir. Esta é a oração que a mãe usou:

> Meu filho é filho de Deus. Deus o ama e cuida dele. Sua alma está preenchida da paz de Deus. Ele está equilibrado, sereno, calmo, relaxado e em paz. A alegria do Senhor é sua força. A Presença Curativa flui através dele em forma de harmonia, paz, alegria, amor e perfeição. Deus é, e a Presença Dele vitaliza, energiza e devolve a todo o seu ser a plenitude, a beleza e a perfeição. Ele dorme tranquilo e acorda em júbilo.

Ela adaptou a oração para o garoto e o fez repetir "E sou filho de Deus", e assim por diante. Eu lhe disse para continuar as orações e me manter informado. Fiquei positivamente surpreso ao receber uma carta da mãe quando voltei para Beverly Hills, que dizia: "Meu filho está curado. Ele teve uma visão em seu sono. Um sábio apareceu e lhe disse: 'Você está livre. Diga para sua mãe.' Foi muito vívido."

Isso foi o subconsciente do garoto lhe dizendo que ele estava curado. *Eu, o Senhor, em visão a ele me farei conhecer, ou em sonhos falarei com ele* (Números 12:6).

Uma meditação para uma oração da prosperidade eficaz

Medite frequentemente repetindo a oração da prosperidade a seguir:

> *Assim prosperarás em teus caminhos e serás bem-sucedido* (Josué 1:8). Eu agora ofereço um padrão de sucesso e

prosperidade para minha mente mais profunda, que é a lei. Agora me identifico com a Fonte Infinita de provisão. Ouço a voz calma e baixa de Deus dentro de mim. Essa voz interior lidera, guia e governa todas as minhas atividades. Eu sou um ser com a abundância de Deus. Sei e acredito que há modos novos e melhores de conduzir meu negócio; a Inteligência Infinita revela os novos caminhos para mim.

Eu estou crescendo em sabedoria e compreensão. Meu negócio é o negócio de Deus. Prospero divinamente em todos os sentidos. A sabedoria divina dentro de mim me revela os modos e meios pelos quais minhas coisas são imediatamente resolvidas do jeito certo.

As palavras de fé e convicção que agora pronuncio abrem todas as portas ou caminhos necessários para meu sucesso e para minha prosperidade. Sei que *o que a mim me concerne o Senhor (Lei) levará a bom termo* (Salmos 138:8). Meus pés são guiados através do caminho perfeito, porque sou filho do Deus Vivo.

Pontos importantes a lembrar neste capítulo

1. Ressentimento e hostilidade são venenos mentais que roubam sua vitalidade, seu entusiasmo e sua energia. Muitas vezes a recusa a comer significa que o indivíduo está cometendo suicídio lentamente e isso é um modo de se vingar de outra pessoa. A solução é abrir a mente e o coração para o fluxo de amor divino e perceber que os outros realmente se importam com você e o amam, promovendo cura e transformação.

2. Quando você começa a perceber que é um órgão de Deus e Deus precisa de você onde está, e que é amado, necessário e querido, ocorre uma transformação completa; você começa a liberar as riquezas do Infinito como amor, boa vontade, paz interior e abundância.

3. Frequentemente a fé cega traz resultados notáveis. Paracelso disse: "Seja o objeto de sua fé verdadeiro ou falso, você obterá resultados." Um garoto que gaguejava inflamou sua imaginação em uma alegre expectativa e fé cega de que se dormisse em uma cama onde são Kevin supostamente dormira, seria curado. Seu subconsciente aceitou essa crença, e ele foi curado.

4. A verdadeira fé consiste na crença em que a Presença Infinita que o criou conhece todos os processos e as funções de seu corpo, e quando você se sintoniza com Ela, obtém resultados. A verdadeira fé é o uso combinado de sua mente consciente e subconsciente, cientificamente direcionadas para um objetivo específico.

5. Quando você rezar por saúde, a saúde deve "brotar rapidamente". Se não vier, vá a um médico imediatamente e siga o que diz a Bíblia: *Honra o médico, porque ele é necessário; foi o Altíssimo quem o criou* (Eclesiastes 38:1).

6. Algumas pessoas experimentam uma emotividade excessiva em reuniões de cura públicas; isso é uma espécie de hipnotismo e histeria emocional, e frequentemente há um alívio temporário da dor e deficientes físicos caminham sem muletas. Contudo, sugestões hipnóticas têm um efeito temporário. Na verdadeira cura, sua mente consciente e subconsciente devem concordar, e você deve acreditar em seu coração na Presença Curadora Infinita; então o resultado será permanente, não temporário. Quando você rezar por cura, o perdão completo

deverá ocupar o lugar de toda a culpa, irritação e ressentimentos. Você sabe que perdoou os outros quando não sente a mente atormentada.

7. Não há nenhum poder em varinhas, pedras, amuletos, encantamentos ou ossos de santos. Mas se uma pessoa acredita que o osso de um cão é de um santo e que beijá-lo lhe trará a cura, não é o osso do cão que a curou. Isso é uma resposta de sua mente subconsciente à sua fé cega.

8. Emoções negativas e destrutivas povoam a mente subconsciente e são a causa de muitas doenças. Quando uma pessoa se sente culpada, acha que deveria ser punida, mas o que não percebe é que está punindo a si mesma. Quando o pai adotivo de um garoto morreu, o garoto assumiu os sintomas do pai como uma forma de autopunição pela culpa.

9. Uma oração maravilhosa para o perdão é esta: "Eu me perdoo por nutrir pensamentos destrutivos e negativos em relação a mim mesmo e aos outros, e estou decidido a não fazer mais isso. Sempre que um pensamento negativo me ocorrer, imediatamente afirmarei: 'Deus preenche minha alma.'"

10. Sua pele é onde os mundos interior e exterior se encontram, e emoções como hostilidade, raiva, fúria reprimida e ressentimento podem se traduzir em muitas doenças de pele. Segundo a medicina psicossomática, remorso e culpa são a causa de muitas erupções cutâneas.

11. O Princípio da Vida (Deus) nunca pune. Essa Presença sempre tenta curar e tornar você inteiro. A autocondenação e a autocrítica são venenos mentais destruidores que enviam pus psíquico para todo o seu sistema, roubando a vitalidade, o vigor, a plenitude e a força, e dessa forma destruindo você física e mentalmente.

12. Tome uma decisão. Esqueça o passado e sature sua mente de Amor Divino, paz e harmonia. Perceba que o Amor Divino dissolve tudo que é contrário a si mesmo.

13. Não importa o que aconteceu no passado, você pode mudar isso agora. Encha seu consciente de padrões de pensamento vivificantes e apagará e expulsará tudo que é diferente de Deus.

14. A meditação no fim deste capítulo o ajudará a melhorar sua vida e tornar seu caminho mais próspero.

CAPÍTULO 5
Como sintonizar formas de pensamento milagroso aumentará sua riqueza

O mundo inteiro e todos os seus tesouros no mar, no ar e na terra já estavam aqui quando você nasceu. Comece a pensar nas incalculáveis riquezas desconhecidas ao seu redor, esperando que a inteligência do homem as revele. Certo dia, um gerente de vendas me disse que um colega dele vendeu uma ideia de um milhão de dólares para a expansão da organização; ele também acrescentou que havia mais milionários agora nos Estados Unidos do que em qualquer outro momento na história. Você pode ter uma ideia que vale uma fortuna! Além disso, está aqui para liberar o esplendor aprisionado dentro de você e se cercar de luxo, beleza e riquezas da vida.

Seja amigo do dinheiro e você sempre o terá

Neste livro, você aprenderá que é preciso ter a atitude certa em relação ao dinheiro. Quando você fizer amizade com o dinheiro, sempre terá um excedente. É normal e natural que deseje uma vida mais plena, mais rica, mais feliz e mais maravilhosa. Veja o dinheiro como a ideia de Deus de manter a saúde econômica das nações do mundo. Quando o dinheiro circula livremente em sua vida, você está saudável economicamente, do mesmo modo que quando seu sangue circula livremente, significa que você está livre de congestãc. Comece agora a dar a verdadeira importância que o dinheiro tem e seu papel na vida como um símbolo de troca. Para você, dinheiro deveria significar liberdade de viver sem penúria; deveria significar beleza, luxo, abundância, sensação de segurança e refinamento.

Por que ela não tinha mais dinheiro

Ser pobre é uma atitude mental. Uma jovem moça e ótima autora que havia escrito vários artigos aceitos para publicação disse-me: "Eu não escrevo por dinheiro." Eu lhe disse: "O que há de errado com o dinheiro? É verdade que você não escreve por dinheiro, mas o trabalhador merece seu salário. O que você escreve inspira, eleva e incentiva os outros. Quando você adotar a atitude certa, a compensação financeira virá para você livre e copiosamente."

Ela, na verdade, não gostava de dinheiro. Certa vez se referiu a ele como "lucro vil". *Para ela, havia um padrão subconsciente de que há virtude na pobreza.* Eu lhe expliquei que não há nenhum mal no Universo e que o bem e o mal estavam nos pensamentos e nas motivações do homem. Todo o mal provém da interpretação errônea da vida e do mau uso das leis da mente. Em outras palavras, o único mal é a ignorância e a única consequência é o sofrimento.

Seria tolice considerar males o urânio, a prata, o chumbo, o cobre, o ferro, o cobalto, o níquel, o cálcio ou uma nota de dólar. A única diferença entre um metal e o outro é o número e a velocidade de movimento de elétrons girando em torno de um núcleo central. Um pedaço de papel como uma nota de US$100 é inócuo, e a única diferença entre ele, o cobre ou o chumbo é que os átomos e as moléculas de seus elétrons e prótons são dispostos diferentemente para as evidências físicas do dinheiro.

Ela adotou novas ideias em relação ao dinheiro e prosperou

Eis uma técnica simples que ela usou para multiplicar o dinheiro em sua experiência: "Meus escritos abençoam, curam, inspiram, elevam e dignificam a mente e o coração de homens e mulheres, e sou divinamente compensada de um modo maravilhoso. Vejo o dinheiro como uma substância divina, porque tudo é feito do Espírito Uno. Sei que a matéria e o espírito são um só. O dinheiro circula constantemente em minha vida e eu o uso de forma sábia e construtiva. O dinheiro flui para mim livre, alegre e incessantemente. O dinheiro é uma ideia na mente de Deus, e ela é ótima."

A mudança de atitude dessa jovem em relação ao dinheiro operou milagres em sua vida, e ela erradicou aquela estranha crença religiosa a qual dizia que o dinheiro era um "lucro vil". Ela percebeu que sua condenação silenciosa do dinheiro fazia o dinheiro voar para longe dela em vez de voar em sua direção. A renda dessa jovem triplicou em três meses, sendo apenas o começo de sua prosperidade financeira.

Ele trabalhava muito, mas nunca tinha dinheiro

Há alguns anos, conversei com um pastor de uma numerosa congregação. Ele possuía um ótimo conhecimento das leis da mente e era capaz de transmiti-lo para os outros, mas nunca conseguia equilibrar o orçamento! Ele tinha o que achava ser uma boa desculpa para essa dificuldade citando Timóteo: *Porque o amor ao dinheiro é a raiz de todos os males* (I Timóteo 6:10). Esquecia-se do que estava escrito no versículo 17 do mesmo capítulo, quando

Paulo diz para as pessoas depositarem a confiança ou fé no Deus vivo, *que abundantemente nos dá todas as coisas para delas gozarmos* (I Timóteo 6:17).

Na linguagem bíblica, amar é dedicar obediência, lealdade e fé à Fonte de todas as coisas, que é Deus. Portanto, não se deve dedicar obediência, lealdade e confiança às coisas criadas, mas ao Criador, à Fonte Eterna de tudo no Universo. Se um homem diz "Tudo que eu quero é dinheiro. Esse é o meu Deus e nada mais importa além de dinheiro", ele pode consegui-lo, é óbvio, mas está aqui para levar uma vida equilibrada. O homem também deve pedir paz, harmonia, beleza, orientação, amor, alegria e plenitude em todas as fases de sua vida.

Fazer do dinheiro o único objetivo na vida seria um erro ou uma escolha equivocada. Você deve expressar seus talentos ocultos, encontrar seu verdadeiro lugar na vida e experimentar a alegria de contribuir para o crescimento, a felicidade e o sucesso dos outros. Quando você estudar este livro e aplicar as leis de seu subsconsciente do modo certo, poderá ter todo o dinheiro que quiser e ainda ter paz de espírito, harmonia, plenitude e serenidade. Acumular nada mais que dinheiro torna o homem impreciso e desequilibrado.

Eu disse para esse pastor que ele estava interpretando de forma errada as Escrituras ao considerar como maus pedaços de papel ou metais, quando eram substâncias neutras, porque nada é bom ou mau, mas o pensamento o faz ser. Ele começou a ver todo o bem que mais dinheiro faria para sua esposa, sua família e seus seguidores. Mudou de atitude e abandonou sua superstição. Começou a afirmar corajosa, regular e sistematicamente:

O Espírito Infinito me revela modos melhores de servir. Sou inspirado e iluminado, e dou para todos que me ouvem uma transfusão divina de fé e confiança na Presença e no

COMO SINTONIZAR FORMAS DE PENSAMENTO
MILAGROSO AUMENTARÁ SUA RIQUEZA

Poder Únicos. Considero o dinheiro uma ideia de Deus, e o dinheiro está circulando constantemente em minha vida e na vida de meus paroquianos. Nós o usamos sábia, criteriosa e construtivamente sob a orientação e sabedoria de Deus.

Esse jovem pastor tornou essa oração um hábito, sabendo que ela ativaria os poderes de sua mente subconsciente. Hoje o homem tem uma linda igreja que as pessoas construíram para ele. Tem um programa de rádio e todo o dinheiro de que precisa para suas necessidades pessoais e culturais terrenas. Posso garantir que ele não critica mais o dinheiro.

A chave mestra e o programa para disciplinar sua mente em relação ao dinheiro

Se você seguir o procedimento e a técnica que descrevo aqui, nunca mais ficará sem dinheiro na vida.

Passo 1: Incuta em sua mente que Deus, o Princípio da Vida, é a Fonte do Universo, das galáxias no espaço e de tudo que você vê, sejam estrelas no céu, montanhas, lagos, depósitos na terra e no mar, sejam todos os animais e plantas. O Princípio da Vida o gerou, e todos os poderes, as qualidades e os atributos de Deus estão dentro de você. Chegue à simples conclusão de que tudo que vê e do qual está consciente veio da mente invisível de Deus, ou Vida, e que tudo que o homem inventou, criou ou fez veio da mente invisível do homem; e a mente do homem e a mente de Deus são uma só, porque só há uma mente comum a todos os indivíduos. Chegue agora à conclusão de que Deus é a Fonte de seu suprimento de energia, vitalidade, saúde, ideias criativas, a Fonte do sol, do ar que você respira, da maçã que come e do dinheiro em seu bolso, porque tudo é feito dentro e fora do Invisível. É tão fácil para Deus se tornar riqueza em sua vida quanto se tornar uma folha de grama.

Passo 2: Agora decida gravar em sua mente subconsciente a ideia de riqueza. As ideias são transmitidas para o subconsciente por repetição, fé e expectativa. Repetir várias vezes um padrão de pensamento ou um ato o torna automático, e por seu subconsciente ser compulsivo, você será compelido a expressá-lo. O padrão é o mesmo de aprender a andar, nadar, tocar piano, digitar etc. Você deve *acreditar* no que afirma. Entenda que o que você afirma é como sementes de maçã que planta no solo que crescem de acordo com sua espécie. Regando e fertilizando essas sementes, você acelera o crescimento delas. Saiba o que está fazendo e por que o faz.

Passo 3: Repita a afirmação a seguir por cerca de cinco minutos pela manhã e à noite: "Agora estou escrevendo em meu subconsciente a ideia da riqueza de Deus. Deus é a Fonte de meu suprimento, e todas as minhas necessidades são satisfeitas em todos os momentos do tempo e pontos do espaço. A riqueza de Deus flui livre, alegre e incessantemente para minha vida e agradeço pelas riquezas de Deus sempre circularem em minha vida."

Passo 4: Quando lhe ocorrerem pensamentos de carência como "não posso me dar ao luxo de fazer aquela viagem", "não tenho como pagar aquela nota promissória" ou "não posso pagar aquela conta", *nunca termine uma afirmação negativa* sobre finanças. Reverta-a imediatamente em sua mente, com a seguinte afirmação: "Deus é meu provedor imediato e eterno, e essa conta é paga na Ordem Divina." Se um pensamento negativo lhe ocorrer cinquenta vezes em uma hora, reverta-o todas as vezes, pensando: "Deus é meu provedor imediato, satisfazendo essa necessidade agora mesmo." Depois de algum tempo, o pensamento de insuficiência financeira perderá toda a força, e você descobrirá que seu subconsciente está sendo condicionado para a riqueza. Se, por exemplo, você olhar para um carro novo, *nunca diga* "eu não posso comprá-lo". Pelo contrário, diga para si mesmo: "Esse carro está à venda. É uma ideia divina, e eu aceito a Ordem Divina."

Esta é a chave mestra. Quando usada como descrito no programa mencionado, a lei da opulência funciona tão bem para você quanto para qualquer um. A lei da mente não diferencia pessoas. Seus pensamentos o tornam rico ou pobre. Escolha as riquezas da vida aqui e agora.

Um vendedor aumentou sua renda de US$5 mil para US$25 mil em um ano

Um gerente de vendas enviou um de seus homens para se aconselhar comigo. Era um jovem brilhante com formação universitária e conhecia muito bem seus produtos. Ele atuava em uma área lucrativa, mas só estava ganhando US$5 mil por ano em comissões. O gerente de vendas achava que ele deveria ganhar o dobro ou o triplo disso.

Ao falar com o jovem, descobri que ele se subestimava. Tinha desenvolvido um padrão subconsciente de US$5 mil por ano. Ele disse que havia nascido em um lar marcado pela pobreza e seus pais lhe disseram que estava destinado a ser pobre. Seu padrasto sempre lhe falava: "Você nunca vai conseguir nada." Esses pensamentos foram aceitos por sua mente impressionável e ele estava experienciando uma crença subconsciente em carência e limitação.

Expliquei-lhe que ele podia mudar seu subconsciente alimentando-o com padrões vivificantes. Então lhe apresentei uma fórmula espiritual e mental que mudaria sua vida. Disse-lhe que em nenhuma circunstância deveria negar o que havia afirmado, porque sua mente subconsciente aceitava aquilo em que ele realmente acreditava.

Todas as manhãs, antes de ir trabalhar, ele afirmava: "Eu nasci para ser bem-sucedido; o Infinito dentro de mim não falha. A Lei e a Ordem Divinas governam minha vida, a paz divina enche minha alma, o Amor Divino satura minha mente. A Inteligência Divina me guia de todos os modos. As riquezas de Deus fluem livremente para mim. Eu estou progredindo, indo em frente e me desenvolvendo mental, espiritual e financeiramente e de todos os outros modos. Sei que essas verdades estão adentrando minha mente subconsciente e se manifestarão."

Os resultados

Um ano depois, quando encontrei esse jovem de novo, descobri que ele fora transformado. Havia assimilado as ideias que discutíramos e disse: "Agora estou apreciando a vida e coisas maravilhosas têm acontecido. Este ano ganhei US$25 mil, cinco vezes mais do que no ano passado." Ele havia aprendido a simples verdade de que tudo que grava em sua mente subconsciente se torna eficaz e funcional em sua vida.

Meditação para uma farta colheita de riqueza financeira

Use a meditação a seguir para garantir riqueza financeira:

Tu o fizeste reinar sobre as obras de Tuas mãos (Salmos 8:6). Eu sei que minha fé em Deus determina meu futuro.

COMO SINTONIZAR FORMAS DE PENSAMENTO
MILAGROSO AUMENTARÁ SUA RIQUEZA

Minha fé em Deus significa minha fé em todas as coisas boas. Eu me alio agora às verdadeiras ideias e sei que o futuro estará na imagem e semelhança de meu pensamento habitual. *Porque, como imaginou na sua alma, assim é* (Provérbios 6:7). Deste momento em diante meus pensamentos estão em: *Tudo o que é verdadeiro, tudo o que é honesto, tudo o que é justo, tudo o que é amável, tudo o que é de boa fama* (Filipenses 4:8); dia após dia eu medito sobre essas coisas e sei que essas sementes (pensamentos) em que habitualmente me detenho resultarão em uma farta colheita para mim. Sou o capitão da minha alma; sou o mestre do meu destino; porque meus pensamentos e meu sentimento são meu destino.

Pontos importantes a lembrar neste capítulo

1. Comece pensando nas incontáveis riquezas ao seu redor, esperando que a inteligência humana as revele. Há um princípio orientador dentro de você que, quando invocado, lhe revela as riquezas que está buscando.
2. Há um velho ditado que diz: "Seja amigo do dinheiro e você sempre o terá." Veja o dinheiro como uma ideia de Deus, circulando entre as nações, mantendo a saúde econômica. Afirme que o dinheiro está circulando em sua vida e seu subconsciente o fará ter todo o dinheiro de que precisa.
3. Se você condenar o dinheiro, chamando-o de "lucro vil", a raiz de todos os males, e fizer outras afirmações disparatadas desse tipo, seu dinheiro ganhará asas e voará para longe. O dinheiro, assim como tudo no Universo, é uma substância

universal, que é o Espírito reduzido ao ponto de visibilidade. Dinheiro, níquel, cobalto, ferro, platina, chumbo, petróleo e carvão são formas da substância universal operando em diferentes frequências e vibrações.

4. Adote uma nova atitude em relação ao dinheiro, percebendo que você merece ser ricamente compensado por seu trabalho, seja o de escritor, professor, jardineiro, seja qualquer outro. Pense em todo o bem que poderá fazer com o dinheiro circulando livremente em sua vida.

5. Você pode trabalhar muito, mas se não gostar de dinheiro ou criticá-lo, se verá em um estado de insuficiência financeira. Você não faz um bom uso do dinheiro, mas percebe que ele é essencial neste plano tridimensional. Você olha para a verdadeira *Fonte* da riqueza, que é Deus, e sabe que quando se voltar para a Fonte, ela se voltará para você e lhe dará todas as riquezas da vida. Em outras palavras, não adore uma coisa criada. Adore o Criador; sua esperança vem de Deus, que dá a todos, abundantemente, vida, respiração e tudo o mais.

6. Afirme que você sempre usa o dinheiro de modo sábio, criterioso e construtivo para seu bem e o de todos os homens e mulheres em toda parte. Também afirme com frequência que o Infinito lhe revela maneiras melhores de servir ao próximo.

7. A chave mestra para disciplinar a mente em relação ao dinheiro é concluir de uma vez por todas que Deus é a fonte de tudo que você vê no Universo, e que tudo que o homem fez também saiu da mente de Deus. Acreditando ser isso verdade, sua afirmação de riqueza se revelará produtiva. Quando pensamentos de carência ou medo lhe ocorrerem, reverta-os imediatamente afirmando: "Deus é meu provedor imediato — aquela conta está sendo paga na mente divina agora", ou

qualquer afirmação apropriada do tipo. O *segredo* é nunca terminar uma afirmação negativa sobre finanças. Depois de algum tempo, os pensamentos negativos pararão de vir, e você descobrirá que condicionou seu subconsciente para a riqueza.

8. Um vendedor aumentou sua renda de US$5 mil para US$25 mil em um ano ao mudar sua atitude mental em relação a si mesmo e ao dinheiro. Sua crença subconsciente na pobreza o impedira de progredir. Ele começou a encher sua mente subconsciente de pensamentos de sucesso, opulência, ação correta e abundância; e descobriu que seu pensamento, quando corretamente conduzido, criava promoções, riqueza, autoestima e reconhecimento por parte de seus superiores e clientes. Ele aprendeu que aquilo que é gravado no subconsciente torna-se eficiente e funcional na vida. Agora sua jornada é sempre para a frente, para cima e na direção de Deus.

9. Use a meditação no fim deste capítulo para garantir uma farta colheita de riqueza financeira.

CAPÍTULO 6
Como dizer as palavras exatas que lhe trarão dinheiro

Traga alegria para a sua vida. Reze por alegria, reivindicando-a. Afirme: "A alegria do Senhor é minha força." Mas não pense demais ou se preocupe com isso. Apenas saiba que "alegria" é o elã da vida, a expressão da vida. Não trabalhe "como um condenado" por isso. Não há força de vontade, força muscular ou pressão sanguínea envolvidas nessa técnica terapêutica espiritual e mental. Apenas saiba e afirme que a alegria do Senhor agora está fluindo através de você e que milagres acontecerão quando você rezar desse modo. O resultado será liberdade e paz de espírito.

Como ela enriqueceu por meio da oração eficaz

Uma mulher me disse: "Eu estava em um beco sem saída, financeiramente falando. Havia chegado a um ponto em que não tinha dinheiro para comprar comida para meus filhos. Tudo que eu tinha eram US$5. Eu os segurei e disse: 'Deus multiplicará isto segundo Suas riquezas e Sua glória, e agora eu estou preenchida de todas as riquezas de Deus. Todas as minhas necessidades são, e serão, imediatamente satisfeitas agora e em todos os dias da minha vida.' Eu afirmei isso por cerca de meia hora e uma grande paz me invadiu. Gastei os US$5 livremente em comida. O dono do supermercado me perguntou se eu queria trabalhar lá como caixa, porque a atual iria se casar e deixar o emprego. Eu aceitei, e logo depois me casei com ele (meu patrão) e nós experimentamos, e continuamos a experimentar, todas as riquezas da vida."

Essa mulher buscou a Fonte; acreditou no fundo de seu coração e recebeu as bênçãos do Infinito. Sua felicidade foi extraordinariamente ampliada e multiplicada.

Como a oração da professora por seus alunos operou milagres

Ao conversar com uma professora em minha viagem ao Havaí, ela me disse que ensinava espanhol e francês em uma instituição religiosa e todas as manhãs todos se juntavam e cada um dos alunos afirmava em voz alta: "Eu sou inspirado pelo Altíssimo. A Inteligência Infinita me guia e conduz em meus estudos. Eu passo em todos os meus exames na Ordem Divina. Irradio amor e boa vontade para todos os meus colegas de classe. Sou feliz, alegre e livre. Deus me ama e cuida de mim."

A professora disse que havia ocorrido uma enorme mudança em seus alunos e nenhum deles foi reprovado em suas matérias nos últimos três anos. Ela falou que lhes dá uma transfusão de fé e confiança no Todo-Poderoso todas as manhãs lhes dizendo que eles passarão, serão guiados em seus estudos e se lembrarão perfeitamente de tudo que precisam saber. Os alunos a escutam, assimilam a verdade dessa afirmação e, junto com suas afirmações matutinas, essas verdades penetram-lhes o subconsciente; e o que ali foi gravado acontece.

Ela é uma professora sábia que descobriu que o poder científico da oração opera milagres de infinitos modos.

Como a oração eficaz permitiu a ele um retorno

Um gerente de vendas me disse que havia sido demitido por abuso de bebida no trabalho e por ter se envolvido com uma das secretárias no escritório. Ele estava muito aflito, abatido e preocupado com a esposa, a renda e o futuro.

Mais tarde, conversando com a esposa dele, descobri que ela era uma resmungona crônica e tentava sem sucesso dominar e controlar o marido. A mulher era anormalmente ciumenta e muito possessiva, e todas as noites fazia uma cena se ele não chegava em casa em um determinado horário.

Ele era imaturo emocional e espiritualmente e não lidava com isso de modo construtivo. Ressentia-se das queixas da esposa quando ele chegava em casa e decidiu retaliar por meio da bebida e do caso com outra mulher: "Eu só queria me vingar dela."

Ambos concordaram em iniciar um processo de oração matutina e noturna, percebendo que, enquanto rezavam um pelo outro, não poderia haver nenhuma amargura, hostilidade ou ressentimento, porque o Amor Divino bane tudo que é contrário a si mesmo. Ela rezava de manhã e à noite:

Meu marido é um homem de Deus. Deus o está guiando para seu verdadeiro lugar. O que ele busca o está buscando. O amor de Deus enche sua alma e a paz de Deus enche sua mente e seu coração. Deus o faz prosperar de todos os modos. Há harmonia, paz, amor e compreensão entre nós. Isto é Deus agindo em nossa vida.

Da mesma maneira, ele rezava pela esposa de manhã e à noite:

Minha esposa é uma filha de Deus. Deus a ama e cuida dela. O amor, a paz, a harmonia e a alegria de Deus fluem através dela o tempo todo, e ela é divinamente guiada de todos os modos. Há harmonia, paz, amor e compreensão entre nós. Eu vejo Deus nela e ela vê Deus em mim.

Como a coisa funcionou

Quando ambos estavam relaxados e em paz, perceberam que "somente o bem poderia advir da situação". Logo ele recebeu um telefonema do presidente da empresa chamando-o de volta, dizendo que soubera que ele havia se reconciliado com a esposa e ainda o elogiou por suas contribuições passadas e conquistas para a empresa.

Na verdade, sem que ele soubesse, a esposa havia procurado o presidente e lhe contado toda a história, o quanto estavam felizes agora e como a "outra mulher" desaparecera da vida dele. Ela contou que agora estavam rezando juntos. O presidente ficou muito impressionado, e ela e o marido rapidamente descobriram o tesouro da oração científica.

Deixe as riquezas do Infinito fluírem através de você

Constantemente afirme, sinta e acredite que Deus multiplica sua felicidade de forma extraordinária, e que você será enriquecido a cada momento espiritual, mental, intelectual, financeira e socialmente, porque não há limite para a glória do homem em sua vida diária. Observe os milagres que ocorrerão quando você gravar essas verdades em sua mente subconsciente. Você experimentará um futuro glorioso, até mesmo do ponto de vista financeiro.

As verdadeiras riquezas de "vigiai e orai"

Vigie seus pensamentos. Nunca fale sobre insuficiência econômica e limitação; tampouco fale sobre pobreza e carência. É muita tolice falar para seus vizinhos ou parentes sobre tempos difíceis, problemas financeiros e assuntos como estes. Conte suas bênçãos. Comece a ter pensamentos de prosperidade; fale sobre as riquezas de Deus presentes em toda parte. Perceba que o sentimento de riqueza produz riqueza. Quando você fala sobre não ter o suficiente e quão pouco possui, como precisa reduzir os custos e comer a carne mais barata, esses pensamentos são criativos, e *você só está se empobrecendo.*

Use livremente o dinheiro que tem agora; gaste-o com alegria e perceba que a riqueza de Deus flui para você em avalanches de abundância. Olhe para a Fonte. Quando você se voltar para Deus, a resposta virá da seguinte forma: "Ele cuida de você." Você verá vizinhos, estranhos e sócios contribuindo para o seu bem e também para o seu suprimento de coisas materiais. Adquira o hábito de rezar por orientação Divina em todos os seus caminhos e acredite que Deus satisfaz todas as suas necessidades segundo suas riquezas e em toda a sua glória. Quando você tornar essa atitude mental um hábito, descobrirá que a lei invisível da opulência pode produzir, e produzirá, riquezas visíveis.

Ela se tornou um enorme sucesso por meio da oração eficaz

Uma dona de salão de cabeleireiro me contou que o segredo de seu sucesso era que todas as manhãs, antes de abrir o salão, reservava um período de tranquilidade em que afirmava: "A paz de Deus enche minha alma e o amor de Deus satura todo o meu ser. Deus me guia, me faz prosperar e me inspira. Sou iluminada e o amor curador de Deus flui através de mim para todos os meus clientes. O Amor Divino entra pela minha porta e o Amor Divino sai pela minha porta. Todos aqueles que entram em meu salão são abençoados, curados e inspirados. A Presença Curadora Infinita satura todo o lugar. Este é o dia que o Senhor criou, e eu me rejubilo e agradeço pelas incontáveis bênçãos para meus clientes e para mim mesma."

Ela guardava essa oração escrita em um cartão e reiterava essas verdades todas as manhãs. À noite, agradecia por todos os clientes, afirmando que eles são guiados, felizes, prosperam e estão em harmonia, e que Deus e o Seu amor fluem através de cada um, enchendo todos os cestos vazios de sua vida.

Ela me disse que, usando essa técnica de oração, três meses depois tinha mais clientes do que podia atender e precisou contratar mais três cabeleireiras! A cabeleireira descobriu o tesouro da oração eficaz e agora está prosperando muito mais do que em seus melhores sonhos.

Dê-se conta das bênçãos abundantes do Infinito

Recentemente uma médica em Beverly Hills me disse que sua oração constante era esta: "Eu vivo na alegre expectativa do melhor, e invariavelmente obtenho o melhor. Meu versículo da Bíblia favorito, com o qual saturo minha mente, é: *É ele quem dá a todos vida, respiração e tudo o mais* (Atos 17:25)." Ela aprendeu que não depende das pessoas para ter alegria, saúde, sucesso, felicidade ou paz de espírito. A médica busca no Espírito Vivo do Todo-Poderoso dentro de si mesma por promoção, realização, riqueza, sucesso e felicidade. *Feliz é aquele que confia no Senhor* (Provérbios 16:20).

Contemple promoção, sucesso, realização, iluminação e inspiração, e o Espírito do Todo-Poderoso intercederá a seu favor, levando-o a expressar plenamente aquilo em que você medita. Agora permita que as riquezas infinitas do Único Infinito lhe abram novas portas, e *permita* que milagres aconteçam em sua vida.

O tesouro da terapia da oração eficaz

Na terapia da oração, evite luta e tensão, porque essa atitude indica descrença. Em seu subconsciente estão toda a sabedoria e o poder necessários para resolver qualquer problema. Sua mente consciente tende a olhar para condições externas e constantemente lutar e resistir. Contudo, lembre-se de que *é a mente tranquila que consegue resultados*. Aquiete seu corpo periodicamente; diga-lhe para ficar imóvel e relaxar, e ele lhe obedecerá. Quando sua mente consciente está quieta e receptiva, a sabedoria de sua mente subconsciente chega à mente que está na superfície e você obtém sua solução.

Como você se sente depois de rezar?

Você saberá que foi bem-sucedido na oração pelo modo como se sente. Se continua preocupado ou ansioso, e se pergunta a si mesmo como, quando, onde ou através de que fonte sua resposta virá, está interferindo. Isso indica que você não confia realmente na sabedoria de seu subconsciente. Evite resmungar o dia inteiro ou até mesmo de vez em quando. Quando você pensa em seu desejo, a leveza é importante; lembre-se de que a Inteligência Infinita está cuidando disso na Ordem Divina muito melhor do que você pode lidar com a tensão de sua mente consciente.

Com que frequência você deveria rezar?

Muitas pessoas perguntam: "Com que frequência eu deveria rezar por um ente querido que está doente, hospitalizado ou com problemas financeiros?" Em geral, a resposta é: até se sentir satisfeito, ou até simplesmente achar que isso é o melhor que pode fazer naquele momento. Espere que sua oração por harmonia, plenitude, vitalidade e abundância seja atendida. Você pode rezar em outro momento, assim que sentir necessidade. Você saberá que sua oração foi atendida quando experimentar paz interior e certeza, e não tiver mais nenhum desejo de rezar.

Longas sessões de oração geralmente são um erro, e podem indicar que você está tentando forçar coisas usando coerção mental, que sempre resulta no oposto ao que deseja. Muitas vezes descobrirá que uma oração curta do fundo de seu coração produz melhores resultados do que uma oração longa.

Refrigera a minha alma *(Salmos 23:3)*

Aprenda a deixar para lá e relaxar. Não reforce a doença ou condição. Reforce a lealdade para com a Presença Curadora Infinita. O professor de natação diz que você pode flutuar na água, e isso o sustentará se você ficar quieto, imóvel e em paz. Mas se você ficar nervoso ou com medo, afundará.

Quando estiver buscando cura espiritual, sinta que está imerso na Santa Onipresença e que o rio dourado de vida, amor, verdade e beleza está fluindo através de você, transformando todo o seu ser em harmonia, saúde e paz. Identifique-se com o rio de vida e amor e se sinta nadando no grande oceano da vida. A sensação de união com Deus lhe trará a restauração. *Refrigera a minha alma* (Salmos 23:3).

Meditação para um futuro maravilhoso

A meditação a seguir, feita diariamente, lhe trará muitas coisas maravilhosas:

> Eu sei que moldo, crio e construo o meu destino. Minha fé em Deus é meu destino; isso significa uma fé inabalável em todas as coisas boas. Vivo na alegre antecipação do melhor e só obtenho o melhor. Sei o que colherei no futuro, porque todos os meus pensamentos são os pensamentos de Deus, e Deus está em meus pensamentos bons. Meus pensamentos são as sementes de bondade, verdade e beleza. Ponho meus pensamentos de amor, paz, alegria, sucesso e boa vontade no jardim da minha mente. Este é o jardim de Deus, e ele produzirá uma colheita abundante. A glória e a beleza de Deus se expressarão em minha vida. Deste momento em diante expresso vida, amor e verdade. Eu sou muito feliz e próspero de todos os modos. Obrigado, Pai.

Pontos importantes a lembrar neste capítulo

1. Independentemente do dinheiro que você tiver, o bendiga agora e tenha fé quando diz: "Deus multiplicará meu dinheiro de modo extraordinário agora e para todo o sempre." Acredite nisso em seu coração e nada lhe faltará em toda a sua vida.

2. Quando marido e esposa rezam um pelo outro, exaltando Deus e pedindo paz, harmonia, amor e inspiração um para o outro, o ressentimento e a doença desaparecem e ambos prosperarão. Se você for demitido, diga "Só o bem pode

O PODER MILAGROSO PARA ALCANÇAR RIQUEZAS INFINITAS

resultar disso", e descobrirá que uma nova porta se abre para uma posição mais maravilhosa do que a anterior.

3. Concentre sua atenção em tudo que é belo, nobre, maravilhoso e divino, e você experimentará as riquezas da vida. Lembre-se de que você colhe o que planta em seu subconsciente.

4. Vigie seus pensamentos. Seus pensamentos são criativos. Nunca fale sobre carência, limitação, pobreza ou incapacidade de pagar as contas. Isso multiplica sua miséria. Pense nas riquezas de Deus e afirme com confiança que as riquezas do Infinito estão fluindo para você em avalanches de abundância. Diga isso confiantemente e o Infinito responderá.

5. Uma cabeleireira se tornou um grande sucesso afirmando regular e sistematicamente: "A paz de Deus enche minha alma e o amor de Deus satura todo o meu ser. O amor curativo de Deus flui de mim para todos os meus clientes. Todos que vêm ao meu salão são abençoados, curados, prósperos e inspirados." Ela fez desta oração um hábito e prosperou muito mais do que em seus melhores sonhos.

6. Uma prece maravilhosa que lhe permite experimentar as riquezas do Infinito é: "Eu vivo na alegre antecipação do melhor e invariavelmente obtenho o melhor. *É Ele quem dá a todos vida, respiração e tudo o mais* (Atos 17:25)."

7. Ao lecionar, perceba que a Inteligência Infinita está guiando e conduzindo seus alunos nos estudos. Peça que eles passem em todos os exames na Ordem Divina. Dê-lhes uma transfusão de fé e confiança no Poder dentro de si mesmos, e você se surpreenderá com a forma que eles assimilam subconscientemente sua convicção em relação a isso. Milagres acontecem quando você reza assim.

8. Garanta para si mesmo um futuro rico e pleno usando a meditação no fim do capítulo.

92

CAPÍTULO 7
Como ativar a máquina psíquica de dinheiro

"Prosperar" significa ser bem-sucedido, progredir, se sair bem. Em outras palavras, quando você está prosperando, está se expandindo, crescendo espiritual, mental, financeira, social e intelectualmente. Para prosperar de fato, é preciso se tornar um canal através do qual o Princípio da Vida flui de forma livre, harmoniosa, alegre e amorosa. Eu sugiro que você estabeleça um método definitivo de trabalho e pensamento e o pratique regular e sistematicamente todos os dias.

Como pensamentos de prosperidade mudaram uma vida

Um jovem que me consultou havia experimentado um "complexo de pobreza" durante muitos anos e não recebia nenhuma resposta para suas preces. Ele havia rezado por prosperidade, mas o medo da pobreza constantemente pesava em sua mente e, é óbvio, ele atraiu mais carência e limitação do que prosperidade. A mente subconsciente aceita a dominância de duas ideias.

Depois de falar comigo, ele começou a perceber que seu pensamento-imagem de riqueza produz riqueza, e que todo pensamento é criativo, a menos que seja neutralizado por um pensamento contrário de maior intensidade. Além disso, ele percebeu que seu pensamento e sua crença em relação à pobreza era maior que sua crença nas riquezas infinitas ao redor dele. Consequentemente, ele mudou os próprios pensamentos e os manteve assim. Eu escrevi para ele a oração da prosperidade a seguir (sei que beneficiará você também):

Uma oração eficaz da prosperidade

Eu sei que só existe uma Fonte, o Princípio da Vida, da qual tudo flui. Ela criou o Universo e tudo o que está contido nele. Eu sou um ponto focal da Presença Divina. Minha mente está aberta e receptiva. Sou um canal livre para harmonia, beleza, orientação, prosperidade e as riquezas do Infinito. Sei que a saúde, a riqueza e o sucesso vêm de dentro para fora. Agora estou em harmonia com as riquezas infinitas de dentro e fora de mim, e sei que esses pensamentos estão entrando em meu subconsciente e serão refletidos na tela do espaço. Desejo a todas as pessoas todas as bênçãos da vida. Estou aberto e receptivo às riquezas de Deus — espirituais, mentais e materiais —, e elas fluem para mim em avalanches de abundância.

O pensamento transformado subitamente fez dele uma pessoa próspera

Esse jovem concentrou os pensamentos nas riquezas de Deus, em vez de na pobreza, tomando o cuidado especial de não negar o que afirmara. Um mês depois, toda a vida dele fora transformada. Ele afirmou de manhã e à noite as verdades anteriormente mencionadas, sabendo que de fato as estava escrevendo em sua mente subconsciente e a fazendo liberar seus tesouros ocultos. Embora trabalhasse com vendas havia dez anos e tivesse poucas perspectivas para o futuro, de repente se tornou um gerente de vendas ganhando US$30 mil por ano mais benefícios.

COMO ATIVAR A MÁQUINA PSÍQUICA DE DINHEIRO

Como ela escreveu seus desejos em seu coração devoto e obteve resultados surpreendentes

Uma jovem aprendeu que sua mente consciente podia ser comparada com uma caneta e que podia escrever seus verdadeiros desejos em seu subconsciente, sintonizando frequentemente sua mente com os desejos de seu coração. Então, ela decidiu escrever dois desejos em sua mente mais profunda, pensando em cada um deles por vez e com interesse, sabendo que seu subconsciente reagiria exatamente de acordo com a impressão deixada nele.

Os principais desejos dela

O primeiro desejo dela era: "Minha mãe e eu passaremos férias de duas semanas no México. Nós concordamos que a Inteligência Divina abrirá o caminho na Ordem Divina." Ambas se visualizaram no avião conversando animadamente com comissárias de bordo. Elas sentiram a realidade da coisa toda.

Cerca de uma semana depois, essa jovem veio ao meu escritório toda animada e disse: "Veja o que eu encontrei: este envelope na rua contendo vinte notas de US$100 e um bilhete que dizia 'Quem encontrar isto fique com ele. Deus o abençoe', e isso é tudo." Não havia nenhum nome ou identificação no envelope. Acontece que há milionários excêntricos que ocasionalmente fazem essas coisas, o que é uma possível explicação para a boa sorte dela. As duas partiram em uma maravilhosa e prolongada viagem para o México. As maneiras do subconsciente obter resultados são realmente insuperáveis.

O segundo desejo dela era *se casar*. Eis o que ela escreveu em seu subconsciente com a caneta de sua mente consciente: "Eu sei que meu desejo de me casar e ser feliz é a voz de Deus em mim instando-me a levar uma vida plena e feliz. Sei que agora sou uma com o Infinito. Sei e acredito que há um homem esperando para me amar e cuidar de mim. Sei que posso contribuir para a felicidade e a paz dele. Posso ser ótima para ele. Posso cuidar dele, amá-lo e lhe inspirar grandeza. Ele ama meus ideais e eu amo os dele. Ele não quer me mudar. Eu não quero mudá-lo. Há amor mútuo, liberdade e respeito entre nós. Essas palavras são enviadas e chegam ao seu destino. Eu escrevi esse pedido em minha mente subconsciente com fé e confiança, e o declaro feito, concluído e estabelecido em minha mente mais profunda. Sempre que eu pensar em casamento, devo me lembrar de que a Inteligência Infinita de meu subconsciente o concretizará na Ordem Divina."

Algumas semanas depois, o profissional que fazia seu tratamento dentário subitamente a pediu em casamento, e ela aceitou. Eu tive a alegria e a satisfação de realizar a cerimônia. Essa jovem obteve um novo insight das maravilhas de sua mente subconsciente. Pense em prosperidade e plenitude e milagres ocorrerão enquanto você reza.

Como as riquezas do pensamento saudável diário trouxeram grandes benefícios

Uma jovem divorciada estava resistindo à vida ao se queixar: "Eu tenho uma vida enfadonha: 'Estou sozinha, frustrada e não tenho amigos. Levo uma vida insípida e cansativa.'" Contudo, ela aprendeu que seus pensamentos são criativos e que pensar dessa maneira negativa estava aumentando seu sofrimento, porque o subconsciente amplia e multiplica em nossa experiência aquilo a que damos atenção.

Depois de aprender um pouco sobre as leis da mente durante nossas conversas, ela reverteu seu habitual pensamento frustrado e começou a afirmar frequente e sistematicamente: "Eu sou feliz, alegre e livre. Sou amorosa, gentil, harmoniosa e pacífica. Canto

COMO ATIVAR A MÁQUINA PSÍQUICA DE DINHEIRO

em louvor ao Senhor, que é minha força." Ela se deu conta da lei mental de que tudo ligado a "eu sou" se manifestava. Adquiriu o hábito de afirmar essas verdades mentais, e toda a vida mudou para ela: da antes chamada "vida insípida" para uma vida plena, que incluiu um casamento com um engenheiro brilhante, um novo lar, uma nova perspectiva e um novo insight das maravilhosas riquezas dentro de si mesma.

Como uma dona de casa projetou prosperidade e felicidade e as obteve

Uma dona de casa com quem conversei estava sempre choramingando e se queixando: "A felicidade não existe para mim. Eu nasci no lugar errado. Estou presa a uma vida enfadonha. Limpo, cozinho, passo, esfrego, lavo louça e janelas e cuido de três filhos." Essa mulher estava ressentida e resistia ao seu ambiente, sentindo que a vida era cruel e estava contra ela.

Entretanto, durante nossa conversa, ela começou a despertar para a verdade de que a prosperidade e a felicidade representam um estado mental. Então reverteu seu modo de pensar e começou a afirmar: "A ação correta divina é minha. O sucesso é meu. A riqueza é minha. A felicidade é minha. O rio de paz de Deus governa minha mente, meu corpo e minhas atividades, e tudo a que eu me dedicar prosperará. Sei que meus pensamentos são criativos. Da mesma forma que um engenheiro projeta uma ponte, eu agora projeto prosperidade e felicidade. Acredito implicitamente na lei da Bíblia, que promete: *Peçam, e lhes será dado; busquem, e encontrarão; batam, e a porta lhes será aberta* (Mateus 7:7)."

Essa dona de casa reivindicou o presente da prosperidade Divina dentro dela, e seu relacionamento com seu trabalho, seu lar e seus filhos mudou. Ela trouxe à tona as maravilhas aprisionadas em si mesma. O dinheiro veio de fontes totalmente inesperadas, e ela ficou muito satisfeita com seu novo destino na vida.

Há beleza e abundância onde você está

Deus significa beleza indescritível, e Ele habita em você; Ele anda e fala em você. Sua mente e seu espírito, seus pensamentos e sentimentos, tudo isso representa Deus dentro de você. A vida e o poder invisível dentro de você são Deus. Seu pensamento, sendo criativo, também é Deus agindo em sua vida. Comece a contemplar a beleza e as riquezas de Deus fluindo através de seus pensamentos, suas palavras e ações, e transmitirá a beleza e as riquezas de Deus para sua família, seus amigos e vizinhos. Agradeça por todas as suas bênçãos. Você pode tornar seu lar lindo e inspirar os outros a experimentar as riquezas de suas mentes mais profundas. Você é o artista, o tecelão, o designer e o arquiteto de sua vida.

O tesouro de seu plano secreto para tornar seu negócio lucrativo

Eu conheço um homem, que comanda um grande mercado, cujo irmão, sócio dele, havia morrido recentemente. Esse irmão deixara como herança para as filhas metade de sua participação no negócio. As garotas eram muito negativas e exigentes, criando todos os tipos de problema para esse homem. Elas se recusavam a vender a parte delas. Ele me disse que depois de uma discussão com elas sobre valores, anotou em um pedaço de papel: "Eu entrego estas garotas totalmente a Deus. Elas estão em seu verdadeiro lugar. Nada é para sempre. Essa situação acabará agora. Isto é Deus em ação." Ele pôs o papel em uma gaveta na escrivaninha, onde estava escrito "Para Deus tudo é possível" e se esqueceu daquilo.

Duas semanas depois, as garotas (suas sobrinhas), concordaram em vender a parte delas, e ele obteve uma solução harmoniosa e perfeita para tornar todo o negócio lucrativo.

Sua técnica foi correta. Na verdade, ele havia escrito a solução em sua mente subconsciente, e seu método de colocar o papel em uma gaveta era apenas um *símbolo externo*. Ele entregou seu problema para a Inteligência Infinita de sua mente subconsciente, que é o lugar secreto de onde vem a solução para todos os problemas.

Como contemplar as riquezas do Infinito

Você pode olhar para as estrelas à noite, as nuvens *cumulus* estão lá para que você as admire e o céu é tão azul para você quanto para as outras pessoas. Seja rico, seja pobre, você pode olhar para o pôr do sol. Pode ouvir o canto dos pássaros e se extasiar com a beleza ao redor. Comece a ver a Presença Divina em tudo — o sol nascente, a lua dourada, o céu, as montanhas, os rios, riachos e córregos. Contemple a beleza de toda a natureza, e não se esqueça de ver o amor nos olhos de seu cão.

A vida é um espelho que reflete para nós precisamente o que depositamos em nossa mente. Olhe através dos olhos do amor e da beleza, e o amor, a beleza e as riquezas do Infinito virão para você. Longfellow disse: "Não lamente o passado. Ele não voltará. Melhore sabiamente o presente; isso é o que deve ser feito. Sem medo e com um coração varonil, vá ao encontro do futuro." Sêneca disse: "Só se dedica a esperar o futuro quem não sabe viver o presente." Deus (seu bem) é o Eterno Agora! Reivindique seu bem e todas as riquezas da vida agora. O que você pode conceber, pode conseguir por meio da sabedoria e do poder de sua mente subconsciente.

As maravilhas de escrever seus desejos de saúde e prosperidade

Toda véspera de Ano-Novo, pedem que eu presida uma assembleia e conduza uma oração de Ano-Novo para um grupo de homens e suas esposas. O costume é que cada pessoa escreva claramente os desejos de seu coração. Há apenas quatro categorias, e são saúde, riqueza, amor e expressão. Tudo que você busca se encaixa em uma dessas categorias. Se, por exemplo, seu único desejo é sabedoria, isso se encaixa em expressão, ou seu desejo de obter cada vez mais da vida, amor, verdade, beleza e as riquezas da mente mais profunda. Além disso, quando a pessoa escreve seus desejos, é sugerido que inclua em um deles um amigo ou parente. Por exemplo, se o amigo, ou parente, está envolvido em um processo judicial, a instrução é escrever: "Há uma solução harmoniosa e divina através da justiça infinita e harmonia de Deus para..."

Como o desejo escrito é atendido

É impressionante quantos desses desejos são atendidos antes do fim do ano. Em muitos casos, algumas das preces são atendidas no início do ano seguinte, mas nesse caso as respostas realmente vêm no momento certo, isto é, quando estão prontas. Todos esses pedidos escritos são postos em envelopes selados e entregues a um dos homens presentes, que os guarda em um cofre em casa; e, na véspera do Ano-Novo, cada qual recebe seu envelope e o lê em particular.

Um homem me mostrou seus pedidos escritos e disse que todos tinham sido atendidos na Ordem Divina. Um de seus desejos era ter tempo suficiente para os filhos e mais lazer e viagens com a família. Ele foi transferido, promovido e recebeu seis semanas de férias, o que lhe permitiu levar a família em um cruzeiro de cinco semanas. Além disso, passou a ter muito mais tempo para a família durante a semana.

Outro pedido, de uma mãe, era que seus dois filhos nunca fossem convocados para o serviço militar. Eles eram rapazes muito espiritualizados e abominavam a guerra. Os rapazes nunca foram convocados e, como ela disse, nunca serão. Ela decretou e escreveu: "Meus filhos são filhos de Deus. Deus os põe em seus verdadeiros lugares, onde fazem o que amam fazer. Deus sabe e Deus cuida."

Todas essas pessoas anotaram os desejos mais profundos dos respectivos corações, confiando e acreditando que a Inteligência Infinita nos respectivos subconscientes os atenderia na Ordem Divina. Eu sempre concluo minha oração com o grupo assim: "Nós afirmamos categoricamente que todos esses desejos escritos estão gravados no subconsciente de cada um e que todos serão atendidos na Lei e Ordem Divinas."

Essas preces são atendidas conforme foram escritas ou de um modo mais amplo e grandioso de acordo com o Eu Superior, que tudo sabe e tudo vê. Todas essas pessoas ficaram surpresas ao ver o modo maravilhoso pelo qual suas preces foram atendidas.

O verdadeiro segredo de tudo

O objetivo secreto de escrever e selar esses desejos é os entregarmos totalmente à sabedoria do subconsciente com fé e confiança, sabendo que assim como o sol nasce todas as manhãs, haverá uma ressurreição de todos esses desejos na Ordem Divina. Isso é chamado de Indiferença Divina. Quando você tem essa atitude mental, suas preces sempre são atendidas. Indiferença Divina significa saber que esta oração não falhará, porque está escrito *Ele não o deixará, e jamais o abandonará* (Deuteronômio 31:6).

Meditação para impregnar sua mente subconsciente

A meditação a seguir, repetida frequentemente com fé e sinceridade, o fará obter grandes tesouros:

Sejam praticantes da Palavra, e não apenas ouvintes, iludindo a si mesmos. Minha palavra criativa é minha convicção silenciosa em que minha prece será atendida. Quando eu pronuncio as palavras cura, sucesso ou prosperidade, o faço na consciência da Vida e do Poder, sabendo que assim será. Minha palavra tem poder, porque é uma com a Onipotência. Minhas palavras sempre são construtivas e criativas. Quando eu rezo, minhas palavras são cheias de vida, amor e sentimento; isso torna minhas afirmações, minhas palavras e meus pensamentos criativos. Eu sei que quanto maior minha fé por trás da palavra dita, mais poder ela tem. As palavras que eu uso definitivamente moldam a forma que meu pensamento assumirá. A Inteligência Divina opera através de mim agora, revelando-me o que preciso saber. Eu tenho a resposta. Eu estou em paz. Deus é Paz.

Pontos importantes a lembrar neste capítulo

1. Você prospera quando se expande espiritual, mental, intelectual e financeiramente. Você deveria ter todo o dinheiro de que precisa para fazer o que quiser, quando quiser.
2. Sua mente subconsciente aceita duas ideias dominantes. Pense claramente em todos os motivos pelos quais todas as coisas visíveis e invisíveis vêm da Única Fonte. Todas as coisas feitas pelo homem vêm da Única Mente e todas as coisas feitas por

COMO ATIVAR A MÁQUINA PSÍQUICA DE DINHEIRO

Deus vêm da mesma mente. Pense em prosperidade. Pense em todos os tipos de riqueza e na imensa riqueza do mundo, e seu subconsciente reagirá ao seu pensamento habitual. Suplante todos os pensamentos de pobreza pensando na opulência e nos recursos inesgotáveis de Deus. Seja aberto e receptivo, e deixe a riqueza fluir livremente para você. Seja um bom recebedor.

3. Sua mente consciente é a caneta com a qual você escreve seus verdadeiros desejos em seu subconsciente. Pense tranquilamente e com interesse em cada desejo de forma separada, regando-o e nutrindo-o com fé e expectativa. Faça isso três ou quatro vezes por dia. Fazendo isso com frequência, você impregnará seu subconsciente e os desejos de seu coração serão realizados.

4. Nunca pense em carência, limitação, solidão e frustração. Pelo contrário, tenha um plano mental das coisas que quer, e então perceba que você cria em sua vida tudo que liga à afirmação "eu sou". Escolha uma pequena frase fácil de gravar na memória, tal como "eu sou feliz, alegre, livre". Repita-a várias vezes como uma canção de ninar. Faça isso proposital e sinceramente. Você colherá o que plantar em seu subconsciente.

5. Em vez de resmungar, choramingar e se queixar das condições atuais, reverta essa atitude mental e afirme corajosamente: "A ação correta divina é minha. O sucesso divino é meu. O Amor Divino enche minha alma e tudo que eu fizer dará certo." Saiba que seus pensamentos são criativos e você é o que pensa o dia inteiro. Tenha um respeito saudável por seus pensamentos. Seu *pensamento* é sua *oração*.

6. Comece a contemplar a beleza e as riquezas de Deus fluindo através de seus pensamentos, suas palavras e ações, e você experimentará os resultados de seu pensamento; além disso, poderá transmitir para sua família as riquezas adquiridas por

meio de contemplação. É preciso ter para dar. Somente as pessoas ricas podem contribuir com abundância para todos; os pobres, não.

7. Quando você estiver em um dilema e lidando com pessoas difíceis, é bom escrever especificamente seu desejo, como a seguir: "Isso também passará, e há uma solução harmoniosa e divina através da sabedoria de meu subconsciente. Eu deixo isso para lá e o entrego a Deus agora." Você pode pôr essa oração em uma gaveta de sua escrivaninha e escrever: "Para Deus tudo é possível." Esse é um modo simbólico de deixar isso para lá, e opera milagres.

8. A vida é um espelho para o rei e para o mendigo, ao refletir precisamente o que cada um de nós deposita na mente.

9. Eu tenho conduzido um grupo de orações na véspera de Ano--Novo em que cada pessoa escreve os desejos de seu coração. As orações são seladas em um envelope, trancadas por um ano e abertas na próxima véspera de Ano-Novo. Todos os membros do grupo se surpreendem com os modos pelos quais suas preces foram atendidas. Muitos se esquecem do que escrevem e ficam atônitos. O segredo é que eles entregaram todas as suas orações com fé e confiança para a mente mais profunda, que tudo sabe e tudo vê. Aprenderam que, quando se tem uma Indiferença Divina, a prece sempre é atendida. Indiferença Divina não significa displicência ou apatia; na verdade, significa que você sabe que tudo que afirmar e sentir ser verdade em seu coração se realizará; por isso, você espera pela resposta com mais fé, segurança e convicção do que o homem que espera pelo nascer do dia.

10. A meditação no fim do capítulo trará benefícios surpreendentes para sua vida diária.

CAPÍTULO 8
Como desenhar e usar um mapa psíquico do tesouro

"A alma sem imaginação é como um observatório sem telescópio."

H. W. Beecher

"A imaginação dispõe de tudo, e cria a beleza, a justiça e a felicidade, que representam tudo neste mundo."

Pascal

"O olho do poeta, num delírio excelso, passa da terra ao céu, do céu à terra, e como a fantasia dá relevo a coisas até então desconhecidas, a pena do poeta lhes dá forma, e a essa coisa nenhuma aérea e vácua empresta nome e fixa lugar certo. É a imaginação tão caprichosa..."

Shakespeare

A imaginação é uma de nossas mais poderosas faculdades. A imaginação disciplinada, controlada e dirigida é um poderoso instrumento que sonda as profundezas de nossa mente subconsciente, trazendo à luz novas invenções, descobertas, poemas, música e consciência das riquezas do ar, do mar e da terra. Cientistas, artistas, músicos, físicos, inventores, poetas e escritores costumam possuir faculdades imaginativas altamente desenvolvidas, que extraem da casa do tesouro dos respectivos subconscientes as riquezas do Infinito e beneficiam de muitos modos a humanidade.

Como desenhar um mapa do tesouro trouxe riquezas e companheirismo para ela

Recentemente realizei a cerimônia de casamento de uma jovem secretária, que me contou que seis meses antes de se casar havia feito um mapa do tesouro para si mesma, dividindo-o em quatro partes. Na primeira parte, escreveu: "Eu sou grata pela riqueza de Deus fluindo livremente em minha vida." Na segunda, escreveu: "Eu sou grata por uma viagem de quatro meses ao redor do mundo." Na terceira, escreveu: "Eu sou grata por um homem maravilhoso e espiritualizado que combina perfeitamente comigo." Na última parte, escreveu: "Eu sou grata por uma casa maravilhosa e lindamente mobiliada." Debaixo desses quatro pedidos, ela escreveu: "Eu sou grata pela imediata realização de todos esses pedidos na Ordem Divina através do Amor Divino."

Todas as manhãs, tardes e noites, ela revia seus pedidos, afirmando e imaginando que eram atendidos, e percebendo que pouco a pouco essas imagens seriam impressas em sua mente subconsciente, concretizando-as. A resposta para seu primeiro pedido veio cerca de um mês depois. A avó em Nova York lhe deixou uma herança de US$50 mil e um Cadillac. A mãe e o pai, que estavam morando no Canadá, a convidaram a acompanhá-los em uma viagem ao redor do mundo, na qual ela conheceu um jovem cientista. Ela disse que foi amor à primeira vista e que o casamento com ele ocorreu ao voltar para a Califórnia. Ele tinha uma linda casa magnificamente mobiliada.

COMO DESENHAR E USAR UM MAPA PSÍQUICO DO TESOURO

Ela me disse que fazer um mapa do tesouro e confiar na Inteligência Infinita da mente subconsciente realmente funciona. Além de usar tal técnica, essa jovem secretária conseguiu um passaporte, escolheu sua viagem e todas as noites se imaginava no avião visitando todos os países estrangeiros. Ela também se imaginava com uma aliança no dedo, o que para ela significava que já estava casada com um homem maravilhoso. Em sua imaginação, morava em uma linda casa cercada de árvores. Por último, mas não menos importante, se imaginou indo ao seu caixa favorito no banco e depositando US$50 mil, e ele, por sua vez, felicitando-a por sua prosperidade.

Seu método a ajudou a obter controle sobre seu pensamento e sua imaginação, permitindo-lhe ter o domínio de suas finanças, trazendo, ao mesmo tempo, satisfação em sua vida amorosa e em seu campo de expressão.

Sua imaginação lhe trouxe um acordo na justiça

Em uma visita às ruínas de Chichén Itzá, famosa por suas pirâmides e relíquias da antiga civilização maia, o guia me informou que Itzá significa "cascavel", e que o símbolo tinha sido usado do início ao fim da cultura deles.

Ali eu conheci um advogado do Texas, que estava hospedado no mesmo hotel. Ele me disse que, depois dessa viagem de férias às pirâmides mexicanas, tinha uma missão muito difícil pela frente em Dallas, no Texas, que envolvia um acordo entre membros de uma família com interesses conflitantes em relação a um testamento de milhões de dólares. Um membro da família o havia contratado para promover paz e harmonia, evitando, assim, uma longa disputa judicial. Ele estava bastante apreensivo em relação a isso, já que um acordo lhe renderia altíssimos honorários.

Eu sugeri que ele praticasse a forma de oração-terapia imaginativa a seguir. Visto que não havia tempo ou espaço na esfera mental, ele deveria se projetar mentalmente em uma sala de conferência em Dallas, onde todos os membros da família estariam reunidos, afirmando harmonia, paz e compreensão entre eles. Então, várias vezes por dia antes de sua missão, ele imaginou o membro da família que o contratara dizendo: "Nós concordamos em aceitar os termos do testamento e não o contestaremos no tribunal." Ele ouviu isso repetidamente e adormeceu todas as noites com duas palavras: "Final feliz." Algumas semanas depois de voltar das pirâmides do México, recebi uma carta de meu amigo advogado na qual ele contava que havia seguido minhas instruções e que na conferência familiar houve uma total concordância e um final feliz, assim como um considerável cheque pela solução harmoniosa para o que ameaçava ser uma batalha judicial bastante desagradável entre irmãos e irmãs.

Como um guia mexicano usa a imaginação e ganha dinheiro extra

Um guia me levou de carro a Uxmal, um dos mais importantes sítios arqueológicos do México, na rodovia Mérida-Campeche, cerca de uma hora de carro da capital do estado de Iucatã. Ele me disse que nos períodos tranquilos em que não há tantos turistas, seu hobby era radiestesia e encontrar água. Ele usa um arame de cobre curvado, e quando um proprietário de terra lhe pede que encontre água, ele visita o rancho, caminha ao redor do local e diz para seu braço: "Fique firme e rígido, e o arame de cobre indicará o ponto exato em que a água está." Ele acrescentou que na maioria das vezes acerta. O guia me disse: "As poucas vezes em que erro é porque estou cansado demais ou porque não me concentrei o suficiente."

Ele me informou que havia ganhado dinheiro extra suficiente para se formar na universidade, e que logo se tornará um professor de arqueologia lá. O rapaz também me mostrou alguns mapas, que indicavam onde ele havia encontrado gado e ovelhas perdidas. Ele estudava o mapa da área, concentrava toda a sua atenção nos animais perdidos e o arame lhe indicava o ponto exato.

Ele estava simplesmente explorando as riquezas que já existiam no subconsciente

Quando esse jovem era apenas uma criança, seu pai lhe disse que ele havia herdado o dom de encontrar água, e ele acreditou. Como o subconsciente é sensível a sugestões e controlado por elas, o subconsciente dele reagiu de acordo com sua crença. Além disso, a mente subconsciente coexiste com a Sabedoria e a Inteligência, que tudo sabe e tudo vê; e sabe onde a água está e onde o ouro está, porque o mundo inteiro veio do subconsciente universal.

Devido a essa crença e seu comando para seu subconsciente, quando ele percorre uma área em que há água, o subconsciente causa uma contração nos músculos do braço dele, uma certa rigidez, e age também no arame, fazendo-o apontar para o ponto onde cavar. Eu disse que ele poderia melhorar a técnica, sugerindo sempre para seu subconsciente: "Você me dirá exatamente a profundidade em que a água está", e isso "será feito segundo sua fé".

A lei da imaginação construtiva venceu o desânimo da viúva

Uma viúva me procurou um tanto deprimida, abatida e desanimada. Estava tentando vender sua casa de dois andares há mais de um ano. Muitas pessoas a visitaram, mas ninguém se ofereceu para comprá-la, embora não reclamassem do preço. A manutenção era cara demais para a mulher, e era essencial que ela vendesse a casa e se aposentasse, morando no apartamento na casa de repouso Leisure World que havia sido providenciado para ela.

Eu descrevi em linhas gerais o que ela deveria fazer em sua imaginação. Ela seguiu fielmente as instruções e três dias depois sua casa foi vendida. À minha sugestão, antes de dormir, ela imaginou um cheque de US$100 mil na mão, a quantia que queria pela casa. Então, em sua imaginação controlada, o depositou no banco com grande satisfação interior. Depois disso, e ainda em sua imaginação, foi para o apartamento no Leisure World, que visitara várias vezes, e estava sendo reservado por apenas um mês com base em sua promessa de aceitá-lo.

Em seu estado de sonolência, ela dormiu no divã do apartamento — tudo isso na imaginação dela — e um pouco antes de dormir disse: "Obrigada, Pai, por atender à minha prece na Ordem Divina." Ela fez isso por três noites consecutivas e, na manhã do quarto dia, um executivo de East Coast viu a casa e quis se mudar para lá imediatamente. O preço era alto e todo o restante estava certo em relação à casa. Ele pagou com um cheque administrativo de US$100 mil.

De fato, a imaginação dela tinha sido a oficina de Deus. Einstein disse: "A imaginação é mais importante que o conhecimento." O que você imagina, e sente ser verdade, será. A imaginação coloca suas ideias e seus projetos na tela do espaço. Seja fiel à imagem mental em sua mente e você descobrirá que um dia ela será projetada na tela do espaço.

Como a imaginação de uma atriz venceu seu frustrante senso de competição

Uma bela atriz que estava sem trabalhar havia seis meses disse-me que surgira uma oportunidade para um papel maravilhoso em um novo filme, mas os produtores também estavam considerando outras atrizes. Depois da entrevista, ela sentiu que poderia se encaixar perfeitamente no papel. Eu lhe disse que a ideia de competição produz ansiedade, e talvez tensão excessiva. Acrescentei que ela poderia não conseguir o papel; assim, sugeri que declarasse com fé e confiança: "Eu agradeço por minha expressão perfeita em meu mais alto nível na Lei e Ordem Divinas. Aceito meu papel nesse filme ou em algo maior, mais grandioso ou mais maravilhoso, segundo as riquezas do Infinito. Isso é Deus em ação." Então sugeri que ela entregasse tudo para sua mente subconsciente. Sempre que pensasse no contrato, deveria dizer: "A Inteligência Infinita está cuidando disso."

Ela não conseguiu o papel no filme para o qual se candidatara, mas logo depois fechou um contrato internacional muito mais maravilhoso e empolgante do que o desejado antes. Sempre que você se depara com o que acredita ser competição por trabalho, uma missão ou o que for, persista no procedimento simples acima e se prepare para a resposta que surpreenderá, revolucionará e transbordará.

As recompensas de visualizar sucesso e riquezas

Há alguns dias, recebi uma linda carta de uma mulher que, acompanhada do marido, está fazendo um filme na França. Alguns anos atrás, ela pensava que tudo estava contra si; tudo parecia dar errado para ela. Contudo, eu lhe sugeri que continuasse a imaginar sucesso, e que a imagem mental, quando repetida regularmente, vence toda a negatividade; a imaginação é a faculdade mais poderosa para o sucesso e a riqueza, quando usada do modo certo.

Muitas vezes por dia ela me via através do olho da mente, parabenizando-a em um futuro próximo por seu enorme sucesso, suas maravilhosas conquistas e seu casamento feliz. Alguns meses depois, após uma conversa em minha sala, ela foi para a Inglaterra visitar alguns parentes. Lá conheceu e se apaixonou por um homem maravilhoso que é totalmente dedicado a ela. Na Inglaterra, conseguiu muitos papéis na televisão e agora está envolvida na produção de um filme no sul da França.

Ela escreveu uma verdade: aquilo que a mente espera, visualiza e persevera se concretiza mesmo que os cinco sentidos pareçam negá-lo. Ela ousou continuar a imaginar seu bem, perseverando em cada passo do caminho, porque *ao pingar a gota escava a pedra* (Lucrécio). *A vitória pertence ao mais perseverante* (Napoleão).

O maravilhoso poder de uma imagem dominante

Sua imagem dominante principal controla todas as fases de sua vida. Seu subconsciente aceita a ideia dominante entre duas ideias (veja *O poder do subconsciente*). Um vendedor de charutos no centro de Los Angeles conversou comigo por uma hora há cerca de cinco anos. Hoje ele tem mais de meio milhão de dólares. Contudo, cinco anos atrás mal conseguia pagar as contas. Ele morava em um trailer, tinha dois filhos, uma esposa e um carro que precisava de reparos constantes.

Eu expliquei a ele como usar a imaginação de forma construtiva e, seguindo minha sugestão, ele escreveu: "Eu reclamo as riquezas

COMO DESENHAR E USAR UM MAPA PSÍQUICO DO TESOURO

de Deus agora, e meu subconsciente responde. Eu reclamo uma linda casa para a minha família. Minha esposa, meus dois filhos e eu precisamos de um carro para cada um, e meu subconsciente atende a esses pedidos. A promoção é minha. O sucesso é meu. Eu agradeço pela realização de tudo isso agora."

Ele e a esposa criaram o hábito de imaginar um lindo jardim. Imaginaram uma garagem com quatro carros e uma significativa conta bancária. Todas as noites, antes de dormir, ele transmitia esta mensagem para seu subconsciente: "Eu sou grato pelas riquezas de Deus, sempre ativas, sempre presentes, imutáveis e eternas. Agradeço por minha promoção e por meu notável sucesso."

Nada aconteceu durante três meses, e então de repente ele se tornou gerente da loja, e logo depois sua esposa herdou uma propriedade no Texas onde fora descoberto petróleo. Eles se mudaram para o Texas, onde agora ele tem uma casa linda, quatro carros e independência financeira, já que é patrão dele mesmo, administrando oito poços de petróleo que valem mais de meio milhão de dólares. Está escrito: "Quem persevera será coroado" (Herder).

Meditação para imaginação eficaz, a oficina de Deus para todo o bem

Onde não há visão, o povo perece (Provérbios 29:18). Minha visão é que desejo saber mais sobre Deus e como Ele opera. Minha visão é de saúde perfeita, harmonia e paz. Minha visão é de fé interior em que o Espírito Infinito está me guiando agora de todos os modos. Eu sei e acredito que o Deus-Poder dentro de mim atende à minha prece; estou muito convicto disso.

113

Eu sei que a imagem mental à qual permaneço fiel será desenvolvida em minha mente subconsciente e aparecerá na tela do espaço.

Todos os dias eu imagino para mim mesmo e para os outros apenas o que é nobre, maravilhoso e Divino. Agora imagino que estou fazendo o que desejo fazer; imagino que possuo o que desejo possuir; imagino que sou o que desejo ser. Para tornar isso real, sinto essa realidade; eu sei que é assim. Obrigado, Pai.

Pontos importantes a lembrar neste capítulo

1. A alma sem imaginação é como um observatório sem telescópio. A imaginação é a faculdade primordial do homem e tem a capacidade de dar visibilidade à sua ideia na tela do espaço.

2. Você pode fazer um mapa do tesouro para si mesmo registrando os desejos guardados em seu coração. Reveja-o várias vezes por dia afirmando e imaginando a realização de cada desejo agora. Persevere e descobrirá que as imagens serão depositadas no subconsciente, que as concretizará.

3. Se você está apreensivo e preocupado com o resultado de uma conferência ou disputa legal, tranquilize sua mente e afirme que Harmonia, Paz e Compreensão Divinas operam na mente e no coração de todos os envolvidos. Escolha a pessoa que o contratou, a imagine lhe contando sobre o acordo harmonioso e ouça isso repetidamente. Antes de dormir, repita as palavras "final feliz". Você impregnará a solução em seu subconsciente e haverá um acordo divino.

COMO DESENHAR E USAR UM MAPA PSÍQUICO DO TESOURO

4. Um guia, convencido de que havia herdado a capacidade do pai de encontrar água, levava consigo o que chamava de varinha de condão (um arame de cobre) e convencera sua mente subconsciente de que sempre que percorresse uma área onde houvesse água, seu braço se tornaria rígido e o arame de cobre curvado apontaria para o ponto exato. Seu subconsciente reagiu à sua convicção, e ele agora ganha muito dinheiro nesse campo de exploração.

5. Se você está tendo dificuldade em vender uma casa, imagine--se recebendo o valor desejado em mãos antes de dormir; agradeça pelo dinheiro, sinta sua realidade, a naturalidade e as maravilhas disso tudo e imagine-se no caixa do banco depositando essa quantia. Agradeça a seu Eu Superior e você experimentará maravilhas com esta oração.

6. Quando você estiver competindo com outros por um contrato, uma missão, uma posição ou um papel no cinema, evite ansiedade e tensão afirmando: "Eu aceito essa missão ou algo muito mais maravilhoso segundo as riquezas do Infinito para mim." Se não obtiver essa posição em particular, algo muito mais maravilhoso surgirá para você à luz de seu Eu Maior.

7. Mesmo que sua razão e seus sentidos neguem a possibilidade de você obter riquezas, promoção e sucesso, insista em sua imagem dominante de sucesso, independência financeira, uma bela casa e no modo como quer que as coisas sejam. Persista de modo regular e sistemático, sabendo que sua imagem dominante penetrará em sua mente subconsciente e se concretizará. Um homem que cinco anos atrás ganhava apenas US$100 por semana provou que suas persistentes imagens mentais o faziam realizar todos os seus sonhos, inclusive

o de obter meio milhão de dólares. Esse é o poder de uma imagem magistral completa. Quem persevera será coroado.

8. Faça pleno uso da meditação no fim do capítulo para ajudá-lo a desenvolver seu maior uso da imaginação para uma vida mais rica em todos os sentidos.

CAPÍTULO 9
Como a lei do aumento infinito multiplica sua riqueza

Todos no mundo tentam aumentar a alegria pessoal. Há uma ânsia divina incitando homens e mulheres em toda parte a se elevar, transcender, crescer e se expandir. É uma voz interior que diz: "Eleve-se. Eu preciso de você."

Você deseja ter mais bens materiais, uma melhor posição social, amigos, mais dinheiro e luxo. Deseja a melhor comida, roupas, o melhor carro e todas as outras coisas boas da vida. Além disso, deseja viajar ao redor do mundo e ver as glórias e belezas deste Universo e os inúmeros templos maravilhosos que o homem dedicou a Deus. Acima de tudo, deseja aprender mais sobre as leis mentais que produzem riquezas e lhe permitem explorar a casa do tesouro de infinitude dentro de si mesmo, experimentando a vida mais abundante.

É da natureza do solo ampliar e multiplicar as sementes que você deposita nele. Plantando uma bolota de carvalho, você pode esperar uma floresta no devido tempo. *Eu plantei, Apolo regou, mas Deus é quem fazia crescer* (I Coríntios 3:6). Da mesma maneira, quando você planta em sua mente pensamentos de riqueza, abundância, segurança e ação certeira, regando-os com fé e antecipação, riquezas e honra serão suas.

Aumento significa a multiplicação de seu bem em todos os sentidos, seja espiritual, mental, emocional, social ou financeiro. Cada pensamento é uma ação incipiente, e quando você começar

O PODER MILAGROSO PARA ALCANÇAR RIQUEZAS INFINITAS

a pensar nas riquezas em sua mente subconsciente e ao seu redor, se surpreenderá com a forma como as riquezas fluirão para você de todos os lados.

Em agosto, conduzi um seminário no *Princess Italia*, o navio de cruzeiro que passou pelo Canadá e muitos portos do Alasca. Em Victoria, no Canadá, 18 estudantes de direito me visitaram no navio, e nós discutimos as maravilhas e a sabedoria do subconsciente por cerca de três horas. Vários homens e mulheres me disseram que ler e aplicar os princípios apresentados em *O poder do subconsciente* mudara suas vidas, fazendo-os experimentar muito mais riqueza, felicidade, paz de espírito e plenitude.

Um homem a bordo do *Princess Italia*, ouvindo nossa conversa sobre mente subconsciente, disse-me que anos atrás ponderava sobre quanto era pobre. Também se preocupava com a pobreza e a carência que observava nas outras pessoas. Quando visitava os parentes de tempos em tempos, voltava para casa e começava a falar sobre as dificuldades financeiras, a pobreza e as doenças deles, sempre os descrevendo como pobres. Esse homem se perguntava por que também nunca havia prosperado, embora rezasse para Deus torná-lo próspero.

Ele consultou um especialista em ciência da mente, o qual lhe disse que se continuasse a pensar nos outros como pobres e carentes, e em limitações de qualquer tipo, estaria ao mesmo tempo neutralizando sua oração e empobrecendo a si mesmo, já que todo pensamento é criativo. Isso foi, segundo ele, uma grande "revelação". Ele reverteu o procedimento e afirmou que Deus o estava tornando próspero em todos os sentidos, bem como todas as outras pessoas. Começou a reivindicar as riquezas de Deus para todas as pessoas que encontrava, e ainda faz isso!

Hoje ele tem dois aviões no Alasca para viagens particulares, é muito bem-sucedido em seu negócio e imensamente rico.

O homem aprendeu uma grande lei da realização: o que você deseja para o outro, está desejando para si mesmo. Há um velho ditado hindu que afirma: "O barco que volta para buscar meu irmão volta também para mim."

Como um professor usou a lei do aumento em benefício próprio

Quando conversei com um professor no cruzeiro ao qual me referi, ele me disse que atribuía seu sucesso e sua ascensão profissional não só à sua dedicação aos estudos, mas também ao fato de constante, regular e sistematicamente se alegrar com o avanço, a promoção e os aumentos concedidos a seus muitos colegas na universidade. Ele se alegrava e ficava muito feliz em ver outros professores crescendo profissionalmente, manifestando a lei do aumento e das riquezas da onipresente generosidade Divina. Salientou que vários anos depois veio a descobrir que apreciando e se alegrando com a boa sorte de seus colegas de trabalho estava ao mesmo tempo se promovendo!

Seu pensamento e sentimento entraram em sua mente subconsciente, e tudo que é depositado no subconsciente pode surgir multiplicado por sessenta, cem ou até mesmo mil, dependendo do entusiasmo, da alegria e da intensidade do padrão de pensamento. Hoje ele é o professor catedrático mais jovem na universidade em que leciona. Alegre-se com a ideia de riquezas e abundância para todos e você certamente experimentará a lei do aumento em sua vida.

Como ele transformou o aumento de US$1 em uma importante riqueza para si mesmo

Durante uma conversa com o dono de uma loja em Juneau, Alasca, eu soube que sete anos atrás ele se viu em Juneau com apenas US$1 no bolso. Ele disse: "Eu olhei para o dólar e comecei a falar comigo mesmo sobre tudo no mundo que vinha da mente invisível de Deus ou do homem; então segurei o dinheiro e disse repetidas vezes, por cerca de uma hora: 'Deus multiplica extraordinariamente isto, porque é Deus quem dá o aumento.'"

Depois desse exercício mental e espiritual, ele encontrou uma nota de US$100 na rua, o que lhe permitiu se hospedar em um hotel e se manter por vários dias. Conseguiu um emprego em um restaurante, economizou dinheiro, fez aulas de voo e hoje um de seus trabalhos extras é o de piloto de pequenas aeronaves em áreas remotas. De tempos em tempos ele conduz pessoas por todo o Alasca, acima de glaciares, montanhas e muitos pontos panorâmicos. Ele me disse que em sete anos havia acumulado mais de meio milhão de dólares em ativos com seu incomum negócio.

Ele atribui tudo isso a olhar para a Fonte de todas as bênçãos e então afirmar corajosamente que as riquezas de Deus estão fluindo livremente, alegremente, infinitamente e incessantemente para sua experiência. O subconsciente dele reagiu à atitude mental multiplicando isso por mil.

Sempre há uma oportunidade de aumento para você

Você pode usar as leis de sua mente para avançar, progredir e se expandir em todos os sentidos. Dê o melhor de si onde está trabalhando agora, isto é, seja atencioso, afável, amigável, afetuoso, gentil e cheio de boa vontade para com todos ao redor e em todos os lugares. Pense grande; contemple a lei da opulência e crescimento, cuja evidência você pode ver em torno. Bendiga o que está fazendo agora, percebendo que é apenas um trampolim para seu triunfo e êxito. Reconheça seu verdadeiro valor e reivindique em

COMO A LEI DO AUMENTO INFINITO MULTIPLICA SUA RIQUEZA

sua mente riquezas, promoção e reconhecimento. Reivindique riquezas e expansão para todas as pessoas que encontrar durante o dia, seja um patrão, um sócio, um cliente ou um amigo. Faça disso um hábito e conseguirá impregnar seu subconsciente; além do mais, outros sentirão você irradiar riquezas e promoção, e a lei da atração abrirá novas portas de oportunidades.

Como a imagem mental trouxe progresso para ele

Em 1970, me hospedei na casa de um amigo colombiano durante uma viagem à Espanha e Portugal. Em Sevilha, conheci um homem na torre da Giralda, a maior catedral gótica do mundo, que abriga os restos mortais de Cristóvão Colombo. O jovem tinha 27 anos, tinha vindo do Equador e possuía um excelente domínio da língua inglesa, assim como do espanhol e do português.

Ele me falou sobre uma experiência fascinante que havia tido cerca de cinco anos atrás. Um amigo de Los Angeles lhe enviara um exemplar de *O poder do subconsciente*. Tinha-o lido avidamente e seguido uma das técnicas nele descritas. Na época, estava terminando a faculdade, e todas as noites, antes de dormir, visualizava-se como um guia de grupos particulares na Espanha e em Portugal, sabendo e acreditando que o poder e a sabedoria de seu subconsciente o apoiariam. Ele tinha fé em que essa imagem mental seria desenvolvida em seu subconsciente e objetificada.

O resultado foi interessante. Um de seus professores perguntou se ele poderia conduzir um casal canadense muito rico na Espanha e em Portugal e ser o guia e intérprete deles, e ele aceitou de bom grado. Em sua permanência na Espanha e em Portugal ele tem se mantido ocupado atuando como guia particular, motorista e intérprete para os muitos amigos ricos do casal. Todas as despesas

O PODER MILAGROSO PARA ALCANÇAR RIQUEZAS INFINITAS

dele são pagas, e ele ganha o equivalente a US$10 mil líquidos por ano, o que é excepcionalmente bom para um jovem nesses países.

Ele sabia o que estava fazendo e o porquê. Sem dúvida, a sutil lei da atração nos aproximou, porque eu estava procurando material sobre o qual escrever na viagem. Não há nada no mundo que impeça, restrinja ou iniba seu avanço no caminho para as riquezas, exceto você mesmo, isto é, seu pensamento e o conceito que você tem sobre si mesmo. Quando você estiver buscando e visualizando promoção, expressão verdadeira, mais status e prestígio, acredite nos poderes de seu subconsciente de tornar isso realidade e experimentará progresso na vida e as riquezas de Deus aqui e agora.

Por que a lei do aumento não funcionou para ele

Um empresário se queixou para mim de que havia afirmado prosperidade, abundância e sucesso, mas sem obter resultado algum. Conversando com ele, descobri que falava muito sobre seus problemas financeiros, além de culpar o governo, os impostos, a previdência social e todo o sistema político. Ele acreditava que era uma vítima de condições e circunstâncias, em vez de dono da situação.

Quando eu lhe expliquei as leis da mente, ele percebeu que enquanto ficasse repisando e lamentando seus problemas financeiros, só os ampliaria e continuaria a empobrecer, porque tudo a que você dá atenção em seu subconsciente se multiplica.

Como ele reverteu seu pensamento errado

À minha sugestão, ele mudou o processo mental e começou a perceber que podia começar a praticar um pensamento criativo que transcenderia circunstâncias e condições ambientais. Sua oração diária era esta:

Meu negócio é o negócio de Deus, e o negócio de Deus sempre prospera. Eu uso sábia, criteriosa e construtivamente as riquezas de Deus para abençoar a mim mesmo e os outros. Sei que a lei do aumento está atuando agora, e estou aberto e receptivo à riqueza e ao aumento generoso de Deus. Sou abundantemente suprido dentro e fora do depósito infinito de riquezas em minha mente subconsciente. Dia e noite atraio mais pessoas que querem o que tenho a oferecer. Elas prosperam e eu prospero. Estou com a mente e o coração abertos para o fluxo de riquezas divinas agora e para sempre.

Quando ele alimentou a mente com essas verdades interiores, o negócio dele prosperou e o suprimento externo se tornou mais abundante. Um mês depois, notou uma tremenda mudança em sua situação financeira. Viu a grande vantagem de afirmar o bem e parar de se queixar de carência e limitação. Descobriu que a atenção às riquezas de Deus é a chave para o sucesso financeiro.

A importância da afirmação "O meu cálice transborda" no Salmo 23

Meu amigo colombiano e eu paramos para almoçar no famoso santuário de Fátima, e mal havíamos nos sentado quando uma jovem do Alabama veio à nossa mesa, se apresentou e disse: "Dr. Murphy, obrigada por sua carta e pela oração que me enviou no ano passado. Eu segui as instruções e aqui estou."

Eu não me lembrava da carta, e ela explicou que havia escrito dizendo que queria ir ao santuário de Fátima, mas não tinha dinheiro e me perguntara como rezar. Deduzi pela conversa que aquela

O PODER MILAGROSO PARA ALCANÇAR RIQUEZAS INFINITAS

estudante do ensino médio havia lido a história de Fátima e sentido um grande desejo de ir ao santuário, mas, sendo seus pais muito pobres, não podia pagar.

Ela possuía uma cópia da oração que eu lhe dera: "Deus abre o caminho para que eu vá ao santuário de Fátima no verão na Ordem Divina através do Amor Divino." Eu também sugeri que todas as noites, com seu corpo físico imóvel, ela se imaginasse saindo do avião em Lisboa, abrindo a mala, mostrando o passaporte para os agentes portugueses e sentindo-se, por meio da imaginação, no santuário, entrando na igreja e ouvindo e vendo tudo que ouviria e veria se estivesse fisicamente lá. Enfatizei que todas as noites ela deveria adormecer visualizando aquilo até sentir sua naturalidade e realidade, e que quando se sentisse em paz em relação a isso o caminho estaria aberto.

Ela disse que umas duas semanas depois do processo de oração, não tinha mais nenhum desejo de rezar para isso, porque obviamente conseguira fixá-lo em sua mente subconsciente. Então foi convidada, em 1970, para passar um fim de semana na casa de uma amiga, cujo pai faria uma viagem a Portugal e à Espanha e também estava interessado em visitar o santuário. Ela foi convidada a acompanhá-los e aceitou o convite com entusiasmo.

A Bíblia diz: *Vou preparar-lhes lugar. E se eu for e lhes preparar o lugar, voltarei e os levarei para mim, para que estejam onde eu estiver* (João 14:2-3).

Essa estudante preparou o lugar para onde queria ir em sua imaginação disciplinada, e chegou o momento em que se sentiu em paz com isso, sabendo que conseguira impregnar sua mente subconsciente da imagem, porque não sentia mais nenhum desejo de rezar para esse fim. Então seu subconsciente assumiu e atuou na mente do pai da amiga, e ele se tornou o canal para a resposta à sua prece.

124

Ela me disse: *Meu cálice transborda* (Salmos 23:5).

Está escrito: *Peçam, e lhes será dado* (Mateus 7:7).

Meditação para seu negócio ou sucesso profissional

Use a poderosa meditação a seguir para encher seu cálice de sucesso em todos os aspectos:

Eu agora habito na Onipresença e Oniação de Deus. Sei que essa Sabedoria Infinita guia os planetas em seus cursos. Sei que a mesma Inteligência Divina governa e dirige meus assuntos. Eu afirmo e acredito que a compreensão Divina é minha o tempo todo. Sei que todas as minhas atividades são controladas por essa Presença interior. Todos os meus motivos são Divinos e verdadeiros. Expresso a sabedoria, a verdade e a beleza de Deus o tempo todo. O Onisciente dentro de mim sabe o que fazer, e como fazê-lo. Meu negócio ou minha profissão é totalmente controlado, governado e dirigido pelo amor de Deus. A orientação Divina é minha. Eu sei a resposta de Deus, porque minha mente está em paz. Eu repouso nos Braços Eternos.

Pontos importantes a lembrar neste capítulo

1. Aumento é o que todas as pessoas do mundo buscam; é a ânsia Divina em nós por expressão maior, mais grandiosa e mais plena em todas as fases de nossa vida. Você planta trigo, cevada ou aveia no solo, mas Deus dá o aumento multiplicando os grãos de trigo por mil.

O PODER MILAGROSO PARA ALCANÇAR RIQUEZAS INFINITAS

2. Aumento significa a multiplicação de nossas posses em todos os sentidos.

3. Não fale sobre falta de dinheiro, pobreza ou doença dos outros. Fazer isso é trazer mais insuficiência para si mesmo. Vista todos com as riquezas de Deus em sua mente. Pare de pensar em seus problemas financeiros e de falar sobre sua falta de dinheiro. Dê atenção às riquezas do Infinito dentro e fora de você, e prosperará. Atenção é fundamental para a vida.

4. Alegre-se com o progresso, a boa sorte, as riquezas e a promoção de todos ao seu redor. Fique extremamente feliz vendo pessoas experimentarem, retratarem e demonstrarem as riquezas de Deus. Fazendo isso, você atrairá todos os tipos de riqueza para si mesmo. Seu pensamento é criativo, e o que você pensa sobre o outro é criado pela sua experiência.

5. Seja amigo do dinheiro, independentemente de ser uma nota de dólar ou uma moeda. Perceba que tudo provém da mente invisível de Deus ou do homem. Perceba que Deus, ou Espírito Infinito, é a Fonte de todas as bênçãos, e que é da natureza do Infinito responder quando você o chama. Um homem só tinha US$1 e durante uma hora afirmou: "Deus multiplica isto extraordinariamente, porque é Ele quem dá o aumento." O subconsciente dele abriu-lhe todas as portas, e em pouco tempo ele se tornou um fabuloso sucesso, acumulando uma fortuna.

6. Dê o melhor de si onde trabalha e o melhor voltará para você. Seja atencioso, afável, amigável, afetuoso, gentil e cheio de boa vontade para com todos. Fazendo isso, todas as portas serão abertas para crescimento, expansão e riquezas.

7. Forme uma imagem mental nítida do que quer ser, fazer ou ter; saiba que o poder e a sabedoria de seu subconsciente o apoiarão. Persevere e seja determinado em relação ao que quer

ser. Sua imagem mental será desenvolvida em seu subconsciente e transformada em realidade.

8. Quando você rezar por mais dinheiro, pare de culpar o governo, o sistema previdenciário e os impostos. Isso faz o dinheiro voar para longe de você em vez de para você. O que você quer é mais dinheiro. Perceba que a riqueza de Deus está circulando em sua vida e sempre há um excedente Divino. O que você critica e condena se manifesta em sua vida. Você se torna o que contempla. Contemple que Deus multiplica seu bem de sobra, que seu negócio é o negócio de Deus e você está prosperando mais do que sonhou.

9. Se você quiser fazer uma viagem ao redor do mundo ou a um lugar específico, mas não tem um centavo no bolso, afirme consciente e sinceramente: "Deus abre o caminho para que eu viaje ao redor do mundo na Ordem Divina e graças ao Amor Divino." Imagine-se com um passaporte no avião ou navio, visitando todos os pontos turísticos no mundo. Entre na realidade disso em sua imaginação até sentir que é real. Assim que você fixar a imagem em seu subconsciente, o caminho se abrirá, o dia raiará e todas as sombras desaparecerão. *Peçam, e lhes será dado* (Mateus 7:7).

10. A meditação no fim do capítulo lhe será de excepcional ajuda para encher seu cálice de sucesso na vida.

CAPÍTULO 10
Como abrir a porta para riquezas instantâneas e ter uma vida luxuosa

O portal para riquezas infinitas está oculto na pérola espiritual mágica oferecida pela Bíblia: *Eu vim para que tenham vida e a tenham com abundância* (João 10:10).

Ao longo das eras, o homem buscou a chave para as riquezas e para o sucesso, sem, contudo, saber que a chave estava em si mesmo.

Você está aqui para levar uma vida plena e feliz, para expressar seus talentos ocultos e liberar o esplendor aprisionado em si mesmo. Deus é o doador e a dádiva, e todas as Suas riquezas estão esperando para serem descobertas, usadas e desfrutadas.

Aplicando as leis de sua mente, você pode extrair da casa do tesouro dentro de si mesmo tudo de que precisa para levar uma vida rica, gloriosa, abundante e gratificante.

Como ela abriu o portal das riquezas

Há alguns anos, dei uma aula sobre Leis Espirituais e Mentais, no *Light of Emerson*, e havia uma jovem presente que naquela manhã fora a uma organização humanitária pedir ajuda para ela e os dois filhos. O marido a havia abandonado e simplesmente desaparecido. Ela ouviu enquanto eu citava Emerson e explicava as leis mentais. Emerson disse: "Em todas as minhas palestras, tenho ensinado uma doutrina — a infinitude do homem particular, a Presença

Divina sempre disponível para todo homem dentro da própria mente, da qual ele obtém, quando necessário, poder inesgotável."

Essa afirmação de Emerson causou uma impressão profunda nela, porque a viu através de uma nova luz. Ela havia estudado Emerson na universidade, mas apenas como literatura, e, segundo disse, não extraiu nada disso. A seguir, está a oração que ela fez para buscar a Presença Divina dentro de si mesma.

Como ela obteve dinheiro

Várias vezes por dia, ela declarou com sentimento, entusiasmo e compreensão:

> Eu reconheço a Fonte interior, entro em contato com meu pensamento e agradeço de verdade pela porta das riquezas que agora está totalmente aberta para mim, as riquezas de Deus fluindo livremente para mim, e por cada dia mais dinheiro estar circulando em minha vida. Todos os dias enriqueço espiritualmente, mentalmente, financeiramente e em todos os sentidos. Dinheiro é ideia de Deus circulando em minha vida, e sempre há um excedente.

Deus abundantemente nos dá todas as coisas para delas gozarmos (I Timóteo 6:17).

Ela começou a perceber que sua vida exterior seria de acordo com seu pensamento. Emerson disse: "A chave para todo homem é seu pensamento." Ela continuou a meditar de maneira fiel, corajosa, deliberada e decidida sobre dinheiro, segurança financeira e prosperidade, e cerca de três semanas depois recebeu um aviso de um advogado em Houston de que o avô, que havia morrido, lhe deixara em testamento um de seus muito produtivos poços de petróleo, e que ela começaria a receber essa fonte de renda imediatamente. Todos os problemas financeiros dela foram resolvidos de forma legal, e o verdadeiro valor desse poço de petróleo provavelmente estava na casa dos milhões. Ela descobriu que a porta para os milhões estava no próprio subconsciente, cujos modos de operar ela havia descoberto.

Como ele encontrou o portal para a expressão autêntica

Há algum tempo, conversei com um homem que havia sido demitido pelo novo dono da empresa para a qual trabalhara durante trinta anos. Ele me disse que em todos os lugares lhe recusavam emprego por causa da idade. Eu expliquei que ele não estava vendendo a idade, mas o conhecimento, a experiência e a sabedoria que reunira ao longo dos anos, e que aquilo que buscava o estava buscando também. Ele rezava todas as noites e manhãs, sabendo que sua mente subconsciente era o portal para a expressão, abundância e riquezas da vida. A oração era esta:

A Inteligência Infinita conhece meus talentos ocultos e abre uma nova porta de expressão para mim na Ordem Divina. Esse conhecimento é imediatamente revelado à minha mente consciente, e eu seguirei a orientação que vem nítida e definida em minha mente.

Uma semana depois, ele encontrou um velho amigo no clube, que lhe disse: "Tom, há um lugar para você em nossa empresa. Acho que você é o homem certo para o cargo." Ele aceitou imediatamente, e acabou ganhando bem mais do que no emprego anterior.

Lembre-se de que é dentro, e não fora, que você entra em contato com as riquezas da vida. Programas de rádio e TV permeiam seu ambiente, mas você precisa sintonizar o canal certo para obter o que quer.

Como uma viagem para o Japão se tornou realidade

Uma das ouvintes japonesas de meu programa matutino de rádio me contou como havia se preparado para passar três meses no Japão naquele ano. Disse que uma manhã eu havia salientado que se você quer fazer uma viagem e não tem um centavo no bolso deve acreditar que recebeu a resposta e tomar alguma atitude que indique ter fé em que sua prece já foi atendida em sua mente mais profunda. Isto é, adotar a atitude mental de já estar no país ou avião, com suas malas e seu passaporte prontos e todas as outras exigências para uma viagem ao exterior cumpridas.

Essa jovem tirou seu passaporte, pegou guias de viagem para o Japão, tomou vacinas e se imaginou abraçando e beijando a avó em Tóquio, conversando animadamente com ela em japonês. Representou esse papel repetidamente a cada noite até sentir a naturalidade dele, e teve a vívida sensação de abraçar a avó e ouvir a voz dela.

Logo depois desse processo de oração, ela conheceu um jovem advogado, e este autor que vos fala teve a felicidade de realizar a cerimônia de casamento. O marido levou a esposa ao Japão para uma lua de mel de três meses e ela teve um adorável encontro com a avó. A sabedoria do subconsciente não só atendeu à prece, como também amplificou o bem, trazendo amor e romance para a vida da jovem. O subconsciente sempre lhe rende juros compostos. Seu bem pode vir de modos imprevistos.

Um físico diz que o Espírito é a porta para todo o dinheiro de que você precisa

Um jovem físico veio recentemente me ver e salientou que Einstein e todos os nossos físicos modernos entendem que o Espírito e a matéria são um só, e que a energia e a matéria são interconversíveis e intercambiáveis; que a matéria é o grau inferior do Espírito e o

Espírito é o grau superior da matéria. Em outras palavras, são um só e a mesma coisa. Além disso, essa matéria é, então, *substância* universal, ou Espírito, ou Energia reduzida ao ponto de visibilidade. Os mundos formados e não formados são feitos da única substância que chamamos de Espírito. Todas as coisas são feitas pela autocontemplação do Espírito.

Ele me disse: "Quando eu vim para os Estados Unidos, tudo que tinha eram US$10, mas não entrei em pânico, porque sabia que o mundo invisível se tornaria visível, e declarei em meu quarto de hotel: 'O Espírito Divino é minha fonte imediata e eterna. Assume a forma de alimento, roupas, dinheiro, amigos e tudo de que preciso aqui e agora.' Eu declaro isso sabendo que a manifestação ocorre agora, porque Deus é o Eterno Agora!"

A resposta veio por meio de um completo estranho que ele conheceu no elevador do hotel. Enquanto eles conversavam de forma animada em francês, embora ambos falassem inglês fluentemente, o estranho conseguiu para ele uma vaga em uma empresa de pesquisa eletrônica. Ele foi promovido e hoje é um dos sócios.

Nunca subestime os poderes de afirmar pessoalmente Deus, ou o Espírito Vivo Todo-Poderoso, sua fonte imediata e eterna que nunca falha. Ela se manifestará de inúmeros modos e por meio de muitos canais; talvez por meio de completos estranhos. Lembre-se de que você nasceu para ser rico e inevitavelmente prosperar em todos os sentidos usando as faculdades que lhe foram dadas por Deus, e aguardam em sorridente repouso.

Como ajudar os outros a chegar ao portal para as riquezas, a verdade e a honra

Quando você quiser ajudar um amigo, parente ou sócio que deseja encontrar seu verdadeiro lugar na vida e se tornar rico em

O PODER MILAGROSO PARA ALCANÇAR RIQUEZAS INFINITAS

existência e dádivas, use a meditação-oração a seguir para ativar suas forças:

> Espírito Infinito em Sua sabedoria, abra a porta da expressão verdadeira na vida dessa pessoa, em que ela faz o que ama fazer e é Divinamente feliz e próspera. Ela é Divinamente conduzida para as pessoas certas, que apreciam seus talentos, e muito bem paga por um maravilhoso serviço. Ela está consciente de seu verdadeiro valor e é abençoada, prosperando com as riquezas de Deus mais do que em seus melhores sonhos. Eu dirigi essa oração à minha mente subconsciente, que sabe como alcançar o sucesso e o faz acontecer na Ordem Divina.

Repita essa oração devagar e de maneira calma, sincera e consciente, pondo vida, amor e entusiasmo em suas palavras, e você ficará surpreso com o modo como a sabedoria do subconsciente responderá. Isso nunca falha.

Sua atitude fechou a porta para as riquezas

Recentemente, durante uma série de palestras em San Diego, um homem veio me ver no hotel. Ele vinha rezando dia e noite por prosperidade e promoção. Era bem-educado e trabalhava para o governo, mas não recebia um aumento ou uma promoção há vários anos. Para piorar as coisas, tinha perdido uma grande quantia na bolsa de valores, particularmente em mercados futuros de prata. Ele disse: "Estou arruinado." Conversando com o homem, descobri que ele tinha queixas e preconceitos contra antigos empregadores e os atuais superiores em seu departamento. Eu expliquei que ele estava com a mente cheia de hostilidade, queixas

COMO ABRIR A PORTA PARA RIQUEZAS
INSTANTÂNEAS E TER UMA VIDA LUXUOSA

e irritação, que, somadas a uma atitude negativa, neutralizavam todas as suas orações, mais ou menos como misturar ácido com um álcali resulta em uma substância inerte.

Eu sugeri que ele redirecionasse a mente, enfatizasse o pensamento próspero e entrasse no espírito do perdão para si mesmo e para os outros. Então ele começou a praticar a técnica de oração a seguir:

Eu me perdoo por abrigar pensamentos negativos e destrutivos, e entrego meus antigos empregadores e atuais superiores totalmente a Deus, desejando-lhes todas as bênçãos da vida. Sempre que eu pensar em qualquer um deles, imediatamente afirmarei: "Eu o entreguei a Deus; Deus esteja com você." Sei que conforme fizer isso, eu os encontrarei em minha mente e não haverá mais nenhuma dor presente. Eu reivindico promoção agora, sucesso agora, harmonia agora. A Lei e Ordem Divinas são minhas agora. A riqueza de Deus flui para mim em avalanches de abundância. Vida é crescimento e expansão, e sou um canal aberto para as riquezas de Deus, sempre ativas e presentes, imutáveis e eternas. Agradeço pelas riquezas dentro e fora de mim agora. Declaro que isso acontecerá e a luz de Deus brilhará sobre mim agora.

Seguindo esse processo de oração várias vezes por dia, e não negando subsequentemente o que afirmara mais cedo, ele se viu atraindo novas pessoas e sendo "levado" a certos livros, certos mestres e certas classes na mente subconsciente. Ele descobriu que havia ativado certas forças sutis do subconsciente correlacionadas com seu pensamento habitual e sua vida de oração. Ele foi promovido e está ganhando muito mais no escritório de Los Angeles. Descobriu que sua nova atitude mental era realmente a porta para a realização de seus sonhos. Tenha sonhos nobres e Divinos, e se tornará aquilo que sonha. Você vai para onde sua visão está.

Meditação para abrir a porta para a ação correta

A meditação a seguir estabelecerá um bom julgamento e confiança na tomada da ação certeira em qualquer situação:

> Eu irradio boa vontade para toda a humanidade em pensamentos, palavras e atos. Sei que a paz e a boa vontade que irradio para todos os homens voltarão para mim multiplicadas por mil. Independentemente do que preciso saber, o Deus dentro de mim sabe a resposta. A Inteligência Infinita está operando através de mim, revelando o que eu preciso saber. O Deus em mim sabe a resposta. A resposta perfeita me é dada agora. A Inteligência Infinita e a Sabedoria Divina tomam todas as decisões por mim, e só há ação e expressão certas em minha vida. Todas as noites eu me envolvo no Manto do Amor de Deus e adormeço sabendo que tenho a Orientação Divina. Quando amanhece, estou cheio de paz. Começo o novo dia cheio de fé, confiança e convicção. Obrigado, Pai.

Pontos importantes a lembrar neste capítulo

1. O portal para riquezas infinitas se baseia na pérola espiritual *Eu vim para que tenham vida e a tenham com abundância* (João 10:10). Você está aqui para levar uma vida plena, feliz e rica. Está aqui para extrair da vida a última gota de felicidade.

COMO ABRIR A PORTA PARA RIQUEZAS
INSTANTÂNEAS E TER UMA VIDA LUXUOSA

2. Emerson ensinou uma doutrina — a infinitude do homem particular. Isso significa que as riquezas do Infinito estão dentro de você. Também significa que você pode entrar em contato com a Divindade em você por meio de seu pensamento, e quando pensar em riquezas, orientação, inspiração e ideias criativas, haverá uma resposta segundo a natureza de seu pensamento. A resposta é correspondente.

3. Você não está vendendo sua idade para os empregadores, mas seus talentos, habilidades, sabedoria e experiência reunidos ao longo dos anos. Dê-se conta de que aquilo que busca o está buscando também e afirme que o Espírito Infinito lhe está abrindo uma nova porta de expressão, e que você é bem recompensado financeiramente, e Ele responderá de acordo com isso. Ele nunca falha.

4. Se você quiser fazer uma viagem para qualquer lugar do mundo ou para um país específico, aja como se sua prece tivesse sido atendida e faça tudo que faria a fim de se preparar para a viagem, como se já estivesse com o dinheiro no bolso. "Acredite que o tem agora e o receberá." Você pode se imaginar tirando um passaporte ou obtendo um visto e se sentir naquele país ou naquela cidade agora. Repita isso frequentemente até que entre em seu subconsciente, e se concretizará.

5. Espírito e matéria são um só. Energia e matéria são um só. O cientista usa o termo energia para falar do Espírito, que é Deus. Deus é a única presença, poder, causa e substância; portanto, Espírito é a realidade de dinheiro, alimento, roupas, relva no campo e todos os metais; e todo o mundo da matéria é simplesmente Espírito que tomou forma, ou reduzido ao ponto de visibilidade. Afirme que Deus, ou o Espírito, é sua fonte imediata e eterna e que o dinheiro está fluindo agora

para você de forma livre, alegre e infinita. Acredite, saiba e entenda que o que não tem forma está sempre assumindo uma forma. Deixe dinheiro e todos os tipos de riqueza fluírem para você agora.

6. Quando você quiser rezar por riquezas e expressão verdadeira para outra pessoa, perceba que o Espírito Infinito abre a porta para a expressão verdadeira dela e as riquezas de Deus estão fluindo para ela em avalanches de abundância.

7. Mudar de atitude muda tudo. Se um homem enfatizar o perdão e a boa vontade para todos e se perdoar por abrigar pensamentos de fracasso, carência e ressentimento, e depois despejar amor, energia e vitalidade em seus pensamentos de promoção, riquezas, expansão, honra, prestígio e reconhecimento, sua mente mais profunda responderá com juros compostos e seu deserto se rejubilará e florescerá como a rosa.

8. Deixe a meditação no fim do capítulo entrar em seu pensamento para decidir qual ação certeira realizar.

CAPÍTULO 11
Como escolher e alcançar seus objetivos de riqueza imediatamente

A Bíblia nos dá a resposta: *Escolham hoje a quem irão servir* (Josué 24:15).

A chave para saúde, riqueza, prosperidade e sucesso na vida é sua maravilhosa capacidade de tomar decisões. A maior descoberta que você pode fazer é despertar para a grande verdade de que já há sabedoria infinita e poder dentro de si, permitindo-lhe resolver todos os seus problemas e o tornando rico, feliz, alegre e livre. Você nasceu para vencer e está equipado com todos os poderes de Deus para ser dono de sua sorte e capitão de seu destino.

Se você não estiver consciente de sua capacidade de escolher o Reino dos Céus dentro de si mesmo, que é a presença de Deus em sua mente mais profunda, começará a escolher e tomar decisões baseadas em acontecimentos, circunstâncias e condições ao seu redor. Pior ainda, tenderá a ignorar os poderes dentro de você e exaltará os poderes da circunstância que pode existir em determinado momento. Escolha o Reino de Deus dentro de você e siga a estrada para a felicidade, saúde, liberdade e alegria de uma vida de abundância.

O poder da escolha

Seu poder de escolha é sua qualidade mais distintiva e sua mais alta prerrogativa. A capacidade de optar e iniciar o que escolheu revela seu poder de criar como um filho de Deus.

Como o poder de escolha mudou a vida dele

Um etilista, ou seja, alguém que bebia compulsivamente, visitou-me alguns meses atrás. Eu lhe expliquei que ele possuía a capacidade dada por Deus de escolher sobriedade, paz de espírito, felicidade e prosperidade aqui e agora. Ele foi sincero em seu desejo de se livrar do que chamava de sua "maldição". Eu lhe dei esta oração:

> Eu escolho saúde, paz de espírito, liberdade e sobriedade agora. Esta é a minha decisão. Sei que o Todo-Poderoso apoia minha escolha. Estou relaxado, e o rio de paz Divina flui através de mim. Minha bebida e meu alimento espiritual são ideias de Deus e verdades eternas, que se revelam dentro de mim trazendo harmonia, saúde, paz e alegria. Em minha imaginação estou de novo com minha família, fazendo o que amo, e sou Divinamente feliz. Sempre que surge a vontade de beber, passo esse filme em minha mente e o Poder de Deus me apoia.

Ele repetiu essa oração cerca de quatro ou cinco vezes por dia, consciente de que estava escrevendo esses pensamentos em sua mente subconsciente, que aceita padrões de pensamento repetidos quando são afirmados de forma decidida e convincente. Os tremores e o nervosismo ainda surgiam às vezes, mas ele projetava na tela de sua mente o filme, a visão de si mesmo em casa com a

As riquezas da escolha certa para todos

esposa e a família, trabalhando em sua antiga profissão. O desejo de abandonar o mau hábito foi maior do que o desejo de mantê-lo, e o poder do subconsciente o apoiou.

As riquezas da escolha certa para todos

Todas as manhãs, ao acordar, escolha as verdades eternas a seguir, sabendo que suas experiências de vida, condições e circunstâncias são a soma total de suas escolhas. Afirme corajosamente: "Hoje é o dia de Deus. Eu escolho harmonia, paz, saúde perfeita, Lei e Ordem Divinas, Amor Divino, beleza, abundância, segurança e inspiração do Altíssimo. Sei que afirmando essas verdades em minha vida, desperto e ativo os poderes de meu subconsciente, que me incita a expressar todas essas capacidades e qualidades. Sei que é tão fácil para Deus se tornar todas essas coisas em minha vida quanto se tornar uma folha de grama. Sou grato por isso."

Essa deveria ser a escolha de todas as pessoas, todos os dias. Esses são os princípios da vida, e ao afirmá-los você torna todos esses poderes de Deus ativos e potentes em sua vida. Seu subconsciente aceita aquilo em que você acredita de modo consciente, e é fácil acreditar nos princípios de harmonia, paz, beleza, amor, alegria e abundância.

Emerson disse: "Nada pode lhe trazer paz além do triunfo dos princípios." Há um princípio de beleza, mas nenhum de feiura; há um princípio de harmonia, mas nenhum de discórdia; há um princípio de amor, nenhum de ódio; há um princípio de alegria, nenhum de tristeza; há um princípio de opulência e abundância, nenhum de privação e pobreza; há um princípio de ação correta, nenhum de ação errada. Comece a escolher o que é a verdade de Deus e a Bondade Divina, e as riquezas da vida serão suas.

Decida escolher as riquezas da Divindade dentro de você

Quem teme fazer escolhas na verdade está se recusando a reconhecer a própria Divindade, porque Deus habita em todas as pessoas. É seu direito Divino fazer escolhas baseado em verdades eternas e nos grandes princípios da vida, que nunca mudam. Escolha ser saudável, feliz, próspero e bem-sucedido, porque você tem domínio sobre seu mundo de finanças, negócios, saúde, profissão e relacionamentos com os outros. Sua mente subconsciente está sujeita aos decretos e às convicções de sua mente consciente, e tudo que você decreta com convicção ocorre.

A Bíblia diz: *O que o homem semear, isso também colherá* (Gálatas 6:7).

O que acontece se você não escolher?

Uma mulher me disse: "Eu não sei o que escolher ou o que é razoável ou lógico." Eu lhe expliquei que ela havia feito uma escolha, a de não escolher, o que significa que havia escolhido aceitar o que viesse da mente coletiva ou lei das médias, em que estamos todos imersos. Além disso, se ela havia escolhido não escolher, a mente aleatória ou irracional da multidão escolheria por ela, já que se recusara.

Ela começou a perceber que era muita tolice de sua parte não escolher pensamentos, imagens e ideais: que estava aqui para pensar, raciocinar e escolher por conta própria, caso contrário a mente coletiva escolheria por ela e lhe manipularia a mente de forma indesejável.

Contudo, ela reverteu a atitude e afirmou construtivamente: "Eu sou um ser com poder de escolha, um ser volitivo. Tenho poder, habilidade e sabedoria para controlar e dirigir meus processos

COMO ESCOLHER E ALCANÇAR SEUS
OBJETIVOS DE RIQUEZA IMEDIATAMENTE

mentais e espirituais. Digo a mim mesma todas as manhãs, ao acordar: 'Deus habita em mim. O que eu escolho hoje da casa do tesouro da infinitude dentro de mim? Escolho paz, orientação Divina, ação correta em minha vida, e decreto que a *bondade e a fidelidade me acompanharão em todos os dias da minha vida, e voltarei à casa do Senhor enquanto viver* (Salmos 23:6).'"

Seguindo esse modo de escolha, essa mulher mudou de vida. Ela tem mais saúde, mais eficiência e mais compreensão, e prosperou em todos os sentidos.

O Poder Infinito apoia suas escolhas

Você é um indivíduo autoconsciente e, como sabe, tem poder de escolha. Após refletir, você escolhe um conjunto de roupas preferido; da mesma maneira, você escolhe seu pastor, seu médico, seu dentista, sua casa, sua esposa, seu marido, sua comida e seu carro. Em outras palavras, você é sempre compelido a escolher neste plano tridimensional. Que tipo de pensamentos e imagens você está escolhendo? Quero reiterar e enfatizar que sua vida representa a soma total de suas escolhas. Escolha de forma sábia, criteriosa e construtiva. Escolha as verdades de Deus, que nunca mudam. Elas são as mesmas ontem, hoje e sempre.

Alguns dizem: "Vou deixar Deus escolher por mim." Quando você diz isso, está se referindo a um Deus fora de si mesmo. Deus, ou o Espírito Vivo, é onipresente e também está dentro de você, de sua vida. O único modo de Deus, ou a Inteligência Infinita, trabalhar para você é por meio de você. Para o Universal agir no plano individual, Ele deve se tornar o individual.

Você está aqui para escolher. Possui volição e iniciativa. É por isso que você é um indivíduo. Aceite sua Divindade e responsabilidade, escolha por si mesmo e tome as próprias decisões; outras

O PODER MILAGROSO PARA ALCANÇAR RIQUEZAS INFINITAS

pessoas ou parentes não sabem o que é melhor para você. Quando você se recusa a escolher por si próprio, na verdade está rejeitando sua Divindade e suas prerrogativas Divinas, e pensando do ponto de vista de um escravizado, de um servo, de um subalterno.

A coragem de escolher mudou e enriqueceu-lhe a vida

Uma viúva me procurou perplexa, confusa e frustrada porque tinha de fazer uma escolha entre dois homens e não conseguia decidir com qual deles se casar. Eu contei a ela uma velha história sobre um burro colocado entre dois fardos de feno, que morreu de fome porque não conseguiu decidir qual deles comeria no dia.

Eu disse que ela era capaz e tinha a habilidade para escolher que a Inteligência Infinita dentro de si própria a orientasse e guiasse, e que é da natureza da Inteligência Infinita responder. Disse que a resposta viria de forma inconfundível, e que seria impossível não percebê-la.

Então, naquela noite, antes de dormir, ela disse o seguinte para seu Eu Superior: "Pai, o Senhor é Onisciente. Diga-me a resposta e o caminho que devo seguir. Eu agradeço pela resposta certa, porque sei que só o Senhor a conhece." Naquela noite, ela teve um sonho em que os dois homens anteriormente mencionados lhe diziam: "Adeus." Então um terceiro homem, o patrão dela, apareceu no sonho e a pediu em casamento. Quando acordou, ela sabia a resposta, e no dia seguinte o patrão a pediu em casamento e ela aceitou.

Ela seguiu a prescrição da Bíblia: *Escolham hoje a quem irão servir* (Josué 24:15). Busque e invoque a Inteligência Infinita dentro de você, e se alegrará com a prece atendida. Você pode escolher ter confiança, riquezas e uma vida plena. Muitos dizem que sempre vivenciaram doenças, fracasso, frustração e solidão. Tudo isso

144

COMO ESCOLHER E ALCANÇAR SEUS
OBJETIVOS DE RIQUEZA IMEDIATAMENTE

pode ser dissolvido quando se escolhe acreditar na Única Presença Curadora Infinita. Sentimento e emoção seguem o pensamento. Portanto, você pode escolher construir uma nova vida emocional. Reconheça que a vontade de Deus para você é a tendência do próprio Princípio da Vida, que busca fluir por meio de você como harmonia, saúde, paz, alegria, ideias criativas e prosperidade que vão muito além de seus melhores sonhos. Você escolheu acreditar que a verdade de Deus é a sua verdade, portanto, de agora em diante seu pensamento e sua antecipação virão Daquele que dá a todos vida, respiração e todo o restante. Em outras palavras, você estará com a mente e o coração abertos para o fluxo das riquezas de Deus agora e para sempre.

Meditação para engordar sua conta no Banco da Prosperidade

Eu sei que meu bem é este próprio momento. Acredito em meu coração que posso profetizar harmonia, saúde, paz e alegria para mim mesmo. Entronizo o conceito de paz, sucesso e prosperidade em minha mente agora. Sei e acredito que esses pensamentos (sementes) se desenvolverão e se manifestarão em minha experiência.

Eu sou o jardineiro; o que planto, colho. Planto pensamentos Divinos (sementes); essas maravilhosas sementes são de paz, sucesso, harmonia e boa vontade. É uma excelente colheita.

Deste momento em diante, estou depositando no Banco Universal (minha mente subconsciente) sementes ou pensamentos de paz, confiança, estabilidade e equilíbrio. Estou colhendo os frutos das maravilhosas sementes que planto. Acredito e aceito que meu desejo é uma semente plantada no subconsciente. Eu a torno real ao sentir sua realidade. Aceito a realidade de meu desejo do mesmo modo como aceito o fato de que a semente plantada no solo se desenvolverá. Sei que se desenvolve na escuridão; além disso, meu desejo, ou ideal, se desenvolve na escuridão da minha mente subconsciente; depois de pouco tempo, como a semente, virá à superfície (será solidificada) como uma condição, uma circunstância ou um acontecimento. A Inteligência Infinita me governa e me guia em todos os sentidos. Eu medito sobre tudo que é verdadeiro, honesto, justo e nobre. Penso nessas coisas, e o Poder de Deus está com meus pensamentos no Bem. Eu estou em paz.

Pontos importantes a lembrar neste capítulo

1. A chave para saúde, riqueza, prosperidade e sucesso está em sua capacidade de escolher. Escolha tudo que é verdadeiro, belo, nobre e Divino. Escolha pensamentos, ideias e imagem que curam, abençoam, inspiram, dignificam e elevam todo o seu ser.

2. Seu poder de escolha é sua mais alta prerrogativa, permitindo-lhe escolher da casa do tesouro da infinitude dentro de você todas as bênçãos da vida.

3. Quando um etilista escolhe harmonia, paz, sobriedade e ação correta na vida, sabendo que o Todo-Poderoso apoiará sua escolha, está no caminho de abandonar seu hábito, na direção da liberdade e da saúde perfeita. Ele usa o maravilhoso poder da imaginação disciplinada percebendo que

COMO ESCOLHER E ALCANÇAR SEUS
OBJETIVOS DE RIQUEZA IMEDIATAMENTE

está fazendo o que ama fazer, passando repetidamente o filme mental até que adquira todos os tons da realidade. No minuto em que a ideia de liberdade é fixada em seu subconsciente, ele é impelido para a liberdade e a sobriedade.

4. Uma escolha maravilhosa para todos é afirmar todas as manhãs: "A ação certeira Divina é minha. A Lei e a Ordem Divinas governam minha vida. A Paz Divina é minha. O Amor Divino enche minha alma. A Harmonia Divina reina suprema. A Beleza Divina enche minha alma. Sou Divinamente inspirado e guiado em todos os sentidos. Tudo que faço traz bons resultados." Faça disso um hábito e milagres acontecerão em sua vida.

5. Nunca hesite em fazer uma escolha. Você é um ser com capacidade de escolher, um ser volitivo, e se recusar a escolher é, na verdade, rejeitar sua Divindade. Você pode escolher de acordo com as verdades universais e os princípios de Deus, que nunca mudam.

6. Ao não escolher por si mesmo, o que você está dizendo é que deixará a mente coletiva, cheia de medos irracionais, superstições e ignorância de todos os tipos, escolher por você. Se não escolher seguir seu pensamento, a mente coletiva e a propaganda do mundo escolherão por você. Não existe indecisão. Indecisão significa simplesmente que você decidiu não decidir. Não deixe Tom, Dick e Harry decidirem por você. Escolha Deus e a Verdade Divina.

7. Escolha que a bondade, a verdade e a beleza o acompanharão em todos os dias de sua vida, porque você habita eternamente na casa de Deus.

8. Toda a sua vida consiste em uma série de escolhas. Todas as suas experiências são a soma total de suas escolhas. Você está

O PODER MILAGROSO PARA ALCANÇAR RIQUEZAS INFINITAS

sempre escolhendo livros, roupas, escolas, parceiros, casas, carros e assim por diante. Preste atenção ao tipo de pensamentos, imagens e ideias que escolhe. Você é o que pensa o dia inteiro. Escolha o que é belo e nobre.

9. Deus, ou a Inteligência Infinita, não fará nada para você que não seja por meio de seus pensamentos, suas imagens e suas escolhas. O Universal não pode agir no individual se não se tornar o individual.

10. Escolha Deus e se dê conta de que só Ele sabe a resposta. Se estiver em um estado de perplexidade ou se perguntando como escolher entre dois pretendentes, reconheça que Deus, ou a Inteligência Infinita, sabe a resposta. Contemple a resposta e a Inteligência Suprema responderá de acordo. Isso nunca falha.

11. Independentemente de erros passados, doenças e fracassos, acredite agora na verdade absoluta de que a vontade de Deus é, para você, uma vida de mais amor, verdade e beleza, melhor do que jamais sonhou. Abra a mente e o coração e viva na alegre antecipação da vida abundante agora e para sempre!

12. Use a meditação no fim do capítulo para engordar sua conta no Banco da Prosperidade.

CAPÍTULO 12
Como escutar as vozes suaves e inaudíveis que podem guiá-lo para a riqueza

A mente subconsciente tenta protegê-lo o tempo todo. Por isso, você deveria aprender a ouvir as orientações interiores da intuição. Seu eu subjetivo governa todos os seus órgãos vitais e continuará a mantê-los em equilíbrio, a menos que sua mente consciente se intrometa com preocupação, ansiedade, temores e pensamentos negativos. Esses pensamentos negativos subvertem a norma Divina em sua mente mais profunda. Em sua mente subconsciente está a Presença Divina, que você pode chamar de seu Eu Superior, o Superconsciente, o EU SOU, ou "o Cristo em você, a esperança de Glória". Todos esses termos significam a mesma coisa.

A mente subconsciente reage à sugestão e aos comandos de sua mente consciente. Portanto, você pode treiná-la para reconhecer as orientações de sua mente subjetiva na direção certa. Geralmente, quando você está relaxado e com a mente em paz, sua mente consciente está mais em harmonia com sua mente subconsciente, e a voz interior da intuição é ouvida e sentida de forma límpida e distinta.

Ela ficou feliz por ter ouvido a voz interior

A Sra. Jean Wright, minha secretária, disse-me que alguns anos atrás ela e a mãe planejavam viajar em um fim de semana, mas no sábado ela teve uma sensação interior, um forte "pressentimento", que parecia um aviso: "Fique em casa." Era uma sensação persistente e ela obedeceu. Mais tarde, o filho dela sofreu um sério acidente na praia e ela pôde levá-lo a um cirurgião-dentista na mesma hora, que corrigiu o problema imediatamente. O cirurgião-dentista estava saindo de casa para viajar quando ela telefonou. A orientação interior estava correta em tudo.

Como reconhecer e seguir a voz da intuição

O melhor guia é o conhecimento que provém das instruções corretas para sua mente subconsciente, que lhe permitirá distinguir o verdadeiro do falso. Quando você deseja sinceramente a verdade, sabendo que aquele Espírito Infinito reagirá de acordo com a natureza de seu pensamento, você obtém resultados. Use sempre a oração a seguir:

A Inteligência Infinita me guia e me aconselha constantemente. Eu reconhecerei de imediato as orientações e advertências do meu Eu Superior, que sempre tenta me proteger e guiar de todos os modos. Imediatamente reconhecerei o "comando" recebido por minha mente consciente e desprezarei fantasias infundadas. Sei que minha mente mais profunda reage ao que agora escrevo conscientemente nela e agradeço pela alegria da prece atendida.

Quando você criar o hábito de usar essa prece e de orar, poderá imediatamente reconhecer a voz interior por meio de uma sensação interior de toque que lhe permite diferençar e distinguir o verdadeiro do falso.

COMO ESCUTAR AS VOZES SUAVES E INAUDÍVEIS
QUE PODEM GUIÁ-LO PARA A RIQUEZA

Como cultivar a intuição lhe trará riquezas

Você receberá respostas e orientações de sua mente consciente com base naquilo em que pensa conscientemente. A questão com que você se ocupa ou que entrega para sua mente mais profunda se desenvolverá na escuridão de seu subconsciente. Quando todos os dados são reunidos, você recebe imediatamente o que seu intelecto ou sua mente racional só poderia conseguir após semanas de monumentais tentativas e erros. Quando nossa faculdade de raciocínio se perde em nossas perplexidades, a faculdade intuitiva canta a canção silenciosa do triunfo.

Artistas, poetas, escritores e inventores ouvem essa voz da intuição. Como resultado disso, são capazes de surpreender o mundo com as belezas e glórias extraídas do conhecimento que neles existe. Eles descobriram a fonte das riquezas autênticas.

A infinita riqueza da intuição salvou-lhe a vida

Muitos de vocês talvez tenham lido sobre o acidente aéreo no Japão em que tantas pessoas perderam a vida. Eu recebi uma carta de um estudante japonês que estivera lendo *O poder do subconsciente*. Ele disse que planejara viajar naquele avião, mas a caminho do aeroporto uma voz interior lhe disse explicitamente: "Não entre naquele avião." Uma voz cujo som, textura e substância ele ouviu tão nitidamente como uma voz em um rádio. Ele cancelou a viagem. Esse estudante treinou a mente para protegê-lo sempre.

O significado da intuição

Intuição significa a percepção direta da verdade independentemente de qualquer processo de raciocínio — apreensão imediata, um intenso e rápido insight. A palavra "intuição" também significa "escuta interior". A escuta interior não é o único modo de ter uma intuição. Às vezes, ela vem na forma de pensamento, mas o modo mais comum é "ouvir uma voz". A intuição transcende a razão. Você emprega a razão para seguir a intuição e frequentemente descobre que a intuição é o oposto do que seu raciocínio teria lhe dito.

A mente consciente do homem é racional, analítica e inquisitiva; a faculdade subjetiva de intuir é sempre espontânea. É como um farol para o intelecto consciente. Muitas vezes é como um aviso contra uma viagem ou um plano. Nós devemos aprender a ouvir atentamente a voz da sabedoria. Ela nem sempre fala quando você quer, mas somente quando você precisa.

Ela teve uma sensação persistente de que não deveria aceitar o cargo

Vamos chamá-la de Louise Barrows (não é seu nome verdadeiro). Ela me disse: "Eu recebi uma proposta maravilhosa de uma empresa para um cargo no qual ganharia o dobro de meu salário atual mais benefícios, e teria a oportunidade de viajar para o exterior com todas as despesas pagas. Parece ótimo, e minha mãe insiste para que eu aceite, mas não posso, porque tenho uma sensação persistente de que não devo aceitar."

Eu lhe sugeri que seguisse sua intuição e ela fez isso. Posteriormente descobriu que a empresa havia falido e estava envolvida em um litígio com o governo.

Sua mente consciente estava certa sobre os fatos objetivamente conhecidos. Mas a natureza da empresa, a motivação dos executivos e os planos ulteriores de promoção eram conhecidos pelas faculdades intuitivas de Louise. Antes de ela permitir que sua mente objetiva argumentasse com seu conhecimento interior, chegou a uma rápida decisão que provou ser correta. Ela me disse

COMO ESCUTAR AS VOZES SUAVES E INAUDÍVEIS QUE PODEM GUIÁ-LO PARA A RIQUEZA

que criara o hábito de, depois de rezar por qualquer coisa, seguir a primeira impressão, que descobriu ser sempre correta.

As riquezas da clariaudiência

A clariaudiência é uma faculdade da mente subconsciente, e a palavra significa "escuta clara". O *daemon* ou gênio de Sócrates é um exemplo clássico. Ele acreditava que podia ouvir com nitidez a voz interior, cujas advertências eram sempre sábias. A voz geralmente dava um aviso. Além disso, ele salientou que suas manifestações mais fortes eram quando sua segurança ou seu bem-estar estavam envolvidos. Sua mente subconsciente se comunicava com sua mente consciente com palavras que podia ouvir.

Esse fenômeno é conhecido como *clariaudiência*, e se baseia no instinto mais poderoso da alma humana: o princípio da autopreservação. Sócrates acreditava que o silêncio do *daemon* era uma aprovação de sua conduta, e lhe foi feito segundo sua fé.

Como a voz da intuição provou ser um salva-vidas

Uma jovem, membro de nossa organização, foi convidada a visitar alguns parentes em uma cidade distante, no fim de semana do Dia do Trabalhador. Seus anfitriões disseram que outra hóspede iria buscá-la e levá-la para Fresno. Ao conversar com a prima pelo telefone, a voz interior imediatamente lhe disse com nitidez: "Fique em casa! Fique em casa!" Ela seguiu o conselho e recusou o convite. A garota que iria buscá-la foi morta no caminho.

Há muito tempo essa jovem pede orientação à mente subconsciente para guiá-la e sabe que a ação certeira Divina a governará. Ela sempre afirma que a sabedoria do subconsciente imediatamente a informará de tudo que precisa saber para seu bem-estar e sua proteção espiritual. Nunca falhou. Por meio da repetição, ela condicionou seu subconsciente a responder, e a Inteligência permite que sua mente subjetiva se comunique com sua mente consciente por meio de palavras faladas. Esse é um modo de trazer a sabedoria de sua mente mais profunda à superfície, ou à mente objetiva. O som que ela ouve não causa vibrações atmosféricas.

Esses sons ou estímulos mentais são distintos para ela, mas inaudíveis para outras pessoas que possam estar próximas. Você pode empregar essa técnica que rende fabulosos dividendos em todas as fases da vida.

Um banqueiro descobre as riquezas da intuição

Um banqueiro amigo meu, especializado no mercado do ouro e investimentos para si próprio e clientes especiais, obteve um extraordinário sucesso na área. Alguns meses atrás, o nome de uma ação estrangeira do mercado do ouro veio-lhe à mente, e sua voz interior disse: "Compre." Ele comprou e aconselhou muitos clientes a fazê-lo. Além do mais, sabia intuitivamente o preço que alcançaria dali a um ano. Ele e os clientes de seu banco lucraram milhares de dólares.

Ele havia dito à mente subconsciente: "Minha mente subconsciente me tornará imediatamente consciente da ação certa a comprar, no momento certo e do modo certo, o que será uma bênção para mim e meus clientes." Ele conseguiu fazer a faculdade intuitiva do subconsciente reagir de acordo com a natureza do pedido, é lógico. A magia da percepção extrassensorial estava alerta ao pedido dele e lhe deu a informação no momento certo.

Uma experiência mais do que extraordinária

Um ex-etilista me confessou que certa vez havia entrado em uma profunda depressão devido à dolorosa experiência da morte da

COMO ESCUTAR AS VOZES SUAVES E INAUDÍVEIS
QUE PODEM GUIÁ-LO PARA A RIQUEZA

esposa e dos filhos em um acidente de carro. Ele apontou uma pistola para a própria cabeça pretendendo cometer suicídio, mas imediatamente ouviu as imperiosas palavras em seu ouvido: "Não. Vida longa eu lhe darei e lhe mostrarei a minha salvação." Ele ficou pasmado e desistiu da ideia de suicídio. Isso foi há quarenta anos, e ele ainda está vivo e alerta, e é imensamente bem-sucedido em sua profissão.

É sabido que em todos os casos em que há perigo iminente para o indivíduo, a mente subjetiva faz um esforço supremo para evitá-lo. Ela age e fala de um modo ao qual o indivíduo responderá. A atividade suprema de seu subconsciente, ou sua mente subjetiva (eu usarei essas palavras de maneira alternada), é realizada no esforço de preservar a vida humana.

Lembre-se de que as orientações de seu eu mais profundo são sempre pró-vida e deveriam ser levadas em consideração. A voz interior que tenta protegê-lo física e financeiramente de todos os outros modos não vem de agentes sobrenaturais ou entidades desencarnadas, mas da faculdade intuitiva de seu subconsciente, que tudo sabe e tudo vê.

Um encontro notável em Londres

No ano anterior eu havia dado uma palestra na Inglaterra. Minha irmã me informou de que havia um primo nosso vivendo em Londres, um homem com quem eu ia para escola muitos anos atrás. Ela não fazia ideia de onde ele estava morando ou qual era a ocupação dele, mas uma amiga lhe disse que ele estava vivendo em Londres. Seu nome não estava na lista telefônica.

Eu me imaginei encontrando-o, apertando a mão dele e conversando com ele sobre os velhos tempos. Fiz isso todas as noites antes de dormir, no St. Ermin's Hotel. Só restavam quatro horas daquela minha semana em Londres antes de minha partida para a Suíça. Atravessei a rua para ir à agência de correios na esquina, enviar algumas cartas e comprar selos ingleses. Lá ouvi uma voz dizendo: "Ei, Joe! Que bom encontrar você aqui!"

O que eu havia visualizado e sentido como verdadeiro em minha mente se tornara realidade. A sabedoria de minha mente subconsciente nos uniu na Ordem Divina. Os caminhos dos níveis mais profundos de sua mente são inescrutáveis. Deixe as maravilhas e riquezas da intuição virem para você.

Meditação para obter as riquezas do silêncio

Jesus disse: "Deus é um Espírito, e é necessário que os seus adoradores o adorem em espírito e em verdade."

Eu sei e entendo que Deus é um espírito se movendo dentro de mim. Sei que Deus é um sentimento ou uma profunda certeza de harmonia, saúde e paz em meu íntimo; é o movimento do próprio coração. O espírito, ou sentimento de confiança e fé que agora me domina, é o espírito de Deus e a ação Divina nas águas de minha mente; isso é Deus; e é o Poder criativo dentro de mim.

Eu me movo e vivo com fé e confiança em que a bondade, a verdade e a beleza me seguirão em todos os dias de minha vida; essa fé em Deus e todas as coisas boas é onipotente; ela remove todas as barreiras.

Agora fecho a porta dos sentidos e retiro toda a minha atenção do mundo. Volto-me para dentro, o Único, o Belo e o Bom; aqui vivo com meu Pai além do tempo e espaço; aqui me movo e fico sob a proteção do Todo-Poderoso.

COMO ESCUTAR AS VOZES SUAVES E INAUDÍVEIS
QUE PODEM GUIÁ-LO PARA A RIQUEZA

Estou livre de todo o medo, do veredicto do mundo e da aparência das coisas. Agora sinto a Presença de Deus, que é o sentimento de prece atendida, ou da presença do bem. Eu me torno o que contemplo. Agora sinto que sou o que quero ser, e essa sensação ou consciência é a ação de Deus em mim; é o Poder criativo. Agradeço pela alegria da prece atendida e repouso no silêncio de que "isso está feito".

Pontos importantes a lembrar neste capítulo

1. Sua mente subconsciente tenta protegê-lo o tempo todo, e cabe a você aprender a ouvir as orientações e advertências interiores.
2. Quando você está relaxado e com a mente em paz, a voz interior da intuição é ouvida explícita e distintamente.
3. A voz interior frequentemente se comunica com você por meio de uma sensação persistente que vem de dentro, uma espécie de "pressentimento" que o avisa dos perigos para si ou para um ente querido. Uma mulher seguiu o "pressentimento" que teve e pôde rapidamente socorrer o filho.
4. Quando você deseja com sinceridade a verdade e sabe que o Espírito Infinito responde de acordo com a natureza de seu pensamento, obtém resultados. Afirme corajosamente que a Inteligência Infinita é seu guia e conselheiro constante e que você reconhecerá imediatamente as orientações de seu Eu Superior. Você obterá respostas de seu subconsciente de acordo com seu pedido.
5. Você receberá respostas e orientações de acordo com aquilo sobre o que medita.

6. Artistas, poetas, inventores etc. ouvem a voz interior da intuição. Eles maravilham o mundo com as belezas e glórias retiradas do depósito interior.

7. Um jovem japonês que estudou *O poder do subconsciente* ouviu uma voz interior que lhe dizia claramente: "Não entre no avião." Ele seguiu a instrução. Logo depois, o avião se envolveu no maior acidente aéreo no Japão. Ele havia treinado a mente subconsciente para protegê-lo de todos os males.

8. Intuição significa percepção direta de verdades ou de fatos independentemente de qualquer processo de raciocínio. Intuição também significa "escuta interior".

9. As faculdades extrassensoriais de sua mente mais profunda podem ver as motivações de um empregador e também o resultado futuro. Isso é escondido da mente consciente. Quando a intuição lhe disser para não aceitar uma promoção, siga-a.

10. Depois que você reza por algo específico, a primeira impressão geralmente é a certa.

11. A clariaudiência é uma faculdade de seu subconsciente e significa "audição nítida". A autopreservação é o instinto mais poderoso da alma humana, e muitas vezes seu eu subjetivo fala em uma voz que o previne e protege.

12. Você pode direcionar seu subconsciente para sempre guiá-lo, sabendo que a ação correta Divina o governa e você deve ser imediatamente informado de qualquer coisa que precise saber para sua proteção. Você pode ouvir uma voz dizendo "Não vá!". Obedeça-a.

13. Um banqueiro transmite para sua mente subconsciente a ideia de que será imediatamente avisado da ação certa a comprar. Seus nomes emergem de seu subconsciente e ele se conscientiza da ação certa a comprar.

COMO ESCUTAR AS VOZES SUAVES E INAUDÍVEIS
QUE PODEM GUIÁ-LO PARA A RIQUEZA

14. Em todos os casos em que o perigo é iminente, a mente subjetiva faz um esforço supremo para evitá-lo. Ela pode falar de um modo ao qual o indivíduo responderá.

15. As orientações de sua mente mais profunda são sempre na direção da vida e devem ser levadas em consideração.

16. Se você deseja encontrar alguém e não sabe onde a pessoa está, imagine-se conversando com ela, sinta e vivencie mentalmente a realidade disso e seus tons. Sua mente mais profunda unirá vocês dois na Ordem Divina.

17. Veja como obter as surpreendentes riquezas do silêncio na meditação no fim do capítulo.

CAPÍTULO 13
Como seus sonhos com dinheiro podem torná-lo rico — O segredo da osmose psíquica

Emerson, em seu ensaio sobre autoconfiança, diz: "Confie em si mesmo; todos os corações vibram nessa corda de ferro. Aceite o lugar que a Providência Divina encontrou para você, a sociedade de seus contemporâneos, a conexão entre os acontecimentos. Homens grandiosos sempre fizeram isso e confiaram como crianças nos gênios de sua época, revelando sua percepção de que a fidedignidade absoluta residia em seus corações, operava através de suas mãos e predominava em todo o seu ser." Aqui Emerson está dizendo para cada homem que Deus o habita, que a fidedignidade absoluta reside no coração de cada um e tudo que a pessoa tem de fazer é permitir-se vibrar ou sintonizar-se com o Infinito dentro de si mesmo, obtendo assim todas as bênçãos e riquezas da vida. Além disso, Emerson está dizendo que você é Vida, ou Deus manifestado, e um instrumento de expressão da Vida. Você é único; não há ninguém no mundo igual a você, porque você é você. As digitais de seu polegar e do dedo do pé são diferentes, e a sua frequência cardíaca e as secreções de suas glândulas são diferentes das de qualquer outra pessoa. A diferenciação infinita é a lei da vida. Seus pensamentos, sua atitude em relação à vida e suas crenças e convicções são, sem dúvida, diferentes das dos outros.

Você nasceu com certos talentos, habilidades e dons especiais. Está aqui para expressar cada vez mais a Presença de Deus e experimentar a alegria de levar uma vida mais abundante. Você está unicamente equipado para expressar a vida de um modo que ninguém no mundo pode fazer. Você quer ser o que quer ser, quer fazer o que ama fazer e quer ter todas as boas coisas da vida.

Você é capaz de atingir todos esses objetivos na vida porque é dotado de qualidades e faculdades de imaginação, de pensamento e raciocínio, e do poder de escolha e ação. Deixe a vida fluir através de você como harmonia, beleza, amor, alegria, saúde, riqueza e plena expressão.

Como um professor incute as riquezas da autoconfiança em seus alunos

Não está escrito na vossa lei. Eu disse: sois deuses? (João 10:34).

Um jovem professor da Escola Dominical em Las Vegas me falou que muitos alunos dele eram acanhados, tímidos e retraídos, e que a maioria tinha um profundo complexo de inferioridade. Ele me disse que escreveu o seguinte no quadro de giz para cada um deles copiar e afirmar por cinco minutos antes de dormir:

"Eu sou um filho do Deus Vivo. Deus me ama e cuida de mim. Eu sou diferente, e Deus quer fazer algo especial por meio de mim. Deus me protege e me guia, e estou crescendo em força, amor e sabedoria. Meu Pai Celestial ama Seu filho. Ele anda e fala por meio de mim."

O professor fez cada garoto anotar a afirmação acima e depois disse que, quando eles a assimilassem e exercessem, todos os dias haveria uma resposta do Deus Presente. Eles cresceriam em sabedoria, força e poder, tornando-se alunos notáveis, bem-sucedidos

COMO SEUS SONHOS COM DINHEIRO PODEM
TORNÁ-LO RICO — O SEGREDO DA OSMOSE PSÍQUICA

na universidade, prósperos e ricos em todas as bênçãos da vida. Ele me disse que fez bem ao coração ver aqueles garotos crescendo, florescendo e se tornando mais autoconfiantes. Tudo isso se refletiu no relacionamento deles com os pais e as mães e nos trabalhos da escola. Eles pareceram florescer do modo mais maravilhoso. Dez dos garotos muito tímidos que se sentiam inferiores se formaram, conseguiram bolsas de estudo e progrediram mais do que o professor havia sonhado.

Na verdade, tudo que ele fez foi incutir na mente e no coração o conhecimento de que Deus habita neles e que atenderia à simples prece do coração de cada um, ajudando-os a se tornar famosos e proeminentes. Eles perceberam que, como disse Emerson, a fidedignidade absoluta residia no coração de cada um, atuando através deles o tempo todo.

O verdadeiro significado da autoconfiança

Confiança significa "com fé." Fé é um modo de pensar, uma atitude mental, uma compreensão das leis da mente. É uma consciência de que seu pensamento e sentimento criam seu destino. Você tem fé quando sabe que qualquer ideia que sua mente consciente sinta ser verdadeira será impressa e aceita por sua mente subconsciente, projetando-se na tela do espaço. Em uma linguagem simples e diária, sua fé é uma consciência da presença e do poder de Deus (o Espírito Vivo Todo-Poderoso) dentro de você. Por meio de seu contato com essa Presença e de seu pensamento, você poderá ter uma vida vitoriosa e triunfante. Você se verá enfrentando todos os obstáculos, dificuldades e desafios à frente, percebendo que todos são divinamente superados. Ao sintonizar-se com a Presença Divina dentro de si mesmo, você pode suportar todos os reveses

163

com uma grande e permanente confiança de que pode fazer tudo na vida por meio do Poder de Deus, que o fortalece.

Como ele desenvolveu autoconfiança, tornando-se rico e bem-sucedido

Recentemente um empresário que falira três vezes veio me ver. Ele estava decepcionado consigo mesmo, sentindo-se inferior e cheio de autocrítica. Eu lhe expliquei que deveria estar cheio de fé e confiança, porque dentro dele há uma Inteligência Infinita que criou o mundo, não conhece nenhum obstáculo e pode lhe revelar tudo que precisa saber. Ele nasceu para ser bem-sucedido e vencer na vida, porque a Inteligência Infinita, ou Deus, não falha. Não há nada que impeça, desafie ou vicie o movimento da Onipotência.

Então eu lhe apresentei uma fórmula específica para o sucesso e as riquezas, explicando, ao mesmo tempo, que a confiança no Deus dentro dele é contagiosa, fazendo-o irradiar segurança, fé, estabilidade e equilíbrio e tornando-o um ímã mental e espiritual, atraindo o bem para si mesmo de todos os lugares.

Uma das maiores pérolas espirituais da verdade está na Bíblia: *Se Deus é por nós, quem será contra nós?* (Romanos 8:31).

Eis a fórmula específica que simplesmente fez maravilhas por esse empresário. Todas as manhãs, depois de se barbear, escovar os dentes e pentear os cabelos, ele olhava diretamente para o espelho e dizia sincera e conscientemente: "Se Deus é por mim, quem será contra mim? Eu posso fazer tudo através do Poder de Deus, que me fortalece. O sucesso é meu e as riquezas são minhas. Obrigado, Pai."

Todas as manhãs ele repetia essas grandes verdades bíblicas por quatro ou cinco minutos, sabendo que, como era sincero,

COMO SEUS SONHOS COM DINHEIRO PODEM TORNÁ-LO RICO — O SEGREDO DA OSMOSE PSÍQUICA

elas iriam por osmose de seu consciente para seu subconsciente; como a lei do subconsciente é compulsiva, ele seria compelido a expressar sucesso e riquezas.

Algumas semanas depois, ele conheceu uma viúva, com quem se casou. Eles são extremamente felizes. Ela pôs US$250 mil à disposição dele, permitindo-lhe abrir um novo negócio. Com a esposa como secretária e tesoureira da nova empresa, eles estão progredindo financeiramente a passos largos.

Hoje, experiências desse tipo são comuns a homens e mulheres que começaram a explorar seu tremendo potencial interno. Recentemente li que hoje há mais milionários nos Estados Unidos do que houve em qualquer outro momento da história.

Aceite o sucesso e as riquezas do Infinito

O Princípio da Vida, que alguns chamam de Deus, está sempre tentando se expressar nos mais altos níveis por meio de você. Há uma urgência em você, sempre o incitando na forma do desejo de se elevar cada vez mais. Essa Presença e esse Poder são oniscientes, tudo sabem e tudo veem, e são onipotentes e supremos. Insista no melhor na vida, recuse-se a aceitar menos que isso. Concentre seu pensamento, seu sentimento e sua atenção em sua profissão, percebendo que a Inteligência Infinita de seu subconsciente constantemente lhe apresenta novas ideias criativas e modos melhores de servir.

Perceba que você é um com o Infinito, e o Infinito não falha. Emerson diz: "Ninguém pode privá-lo do sucesso extremo, exceto você mesmo." Carlyle disse: "A riqueza de um homem é o número de coisas que ele ama e abençoa e pelas quais é amado e abençoado." O poeta Coleridge escreveu:

Somente ama bem quem ora bem
Homem, ave e animal.
Somente ora melhor quem sabe amar melhor
A tudo, grande e pequeno.
Pois o bondoso Deus, que tem amor por nós,
Ele fez e ama tudo.

Não é o destino que bloqueia seu sucesso ou riquezas, não é falta de dinheiro, apresentações ou contatos. É você mesmo. Tudo que você tem de fazer é mudar seu pensamento-vida e mantê-lo assim. Deixe o seu pensamento habitual ser: "O sucesso é meu, a riqueza de Deus é minha, a harmonia é minha e eu sou o canal para todas as riquezas de Deus." Seus pensamentos são criativos e você se torna aquilo em que pensa o dia inteiro.

As riquezas de uma fé prática e atuante

Milhões de pessoas acreditam em credos, dogmas, seitas, tradições, amuletos, simpatias, ícones, templos etc., mas não têm nenhuma fé de fato atuante, e a vida das pessoas é caótica e confusa. Milhões sofrem de carência e saúde fraca, e mal conseguem se sustentar porque não sabem como explorar o tesouro da infinitude em sua mente subconsciente.

Milhões de outras pessoas têm uma fé de fato atuante, e a demonstram em seu corpo, negócios, finanças, relações humanas e todas as fases da vida de cada um. A fé do homem em Deus deve ser pessoalmente demonstrada e se revelar no brilho em seus olhos. Sua riqueza, que demonstra sua fé na lei da opulência, certamente será um indicativo, como o será sua confiança e compreensão da natureza pródiga da Providência Divina. O homem

COMO SEUS SONHOS COM DINHEIRO PODEM
TORNÁ-LO RICO — O SEGREDO DA OSMOSE PSÍQUICA

reflete sua confiança em si mesmo e em seus poderes por meio de suas atitudes positivas, seus gestos, sua linguagem e seu sorriso radiante como o Sol.

Uma viúva descobre as riquezas da autoconfiança

Uma viúva com dois filhos me procurou com uma queixa comum: "É difícil para mim pagar as contas. Sou sozinha. Meus filhos não têm as roupas e o alimento apropriado. Eu ganho US$120 líquidos por semana" etc.

Eu lhe apresentei uma técnica simples, assim como a explicação a seguir: "Imagine-se bem-sucedida agora. Com o olho de sua mente, visualize uma linda casa com um espaço para os garotos. Veja-os brincando lá. Sinta-se com roupas bonitas, um casaco de zibelina ou de vison, o que preferir. Toque mentalmente no casaco, sinta um belo diamante em seu dedo e me ouça pronunciando as palavras 'Eu os declaro marido e mulher'. Ouça o caixa do banco parabenizando-a por seu grande depósito."

Eu lhe disse: "Permaneça fiel a essa imagem mental. Você deseja se casar, e sentir a aliança em seu dedo significa que está no processo de casamento com um homem ideal e espiritualizado. Ouvir as palavras 'Eu os declaro marido e mulher' significa que isso já aconteceu em sua mente, e o que aconteceu em sua mente deve se concretizar, independentemente de quaisquer dificuldades ou obstáculos que possam ficar entre você e a realização de sua imagem mental. Você triunfará, ficará rica e feliz, alegre e livre."

Silenciosamente, a viúva começou a pensar em riquezas para ela e os filhos. Também começou a sentir como ficaria feliz, alegre e entusiasmada se conhecesse um homem espiritualizado, agradável e harmonioso. Nesse estado de espírito, começou a agradecer,

O PODER MILAGROSO PARA ALCANÇAR RIQUEZAS INFINITAS

antes de dormir, à Presença de Deus nela por riquezas, sucesso e companheirismo. Fez isso todas as noites durante mais ou menos uma semana. Dez dias depois, foi apresentada a um homem solteiro por uma amiga comum. Ele se revelou a resposta perfeita para todos os seus sonhos e meditações. Saiba que sempre há uma resposta. Há "Alguém que se importa" — Aquele que criou você o ama e protege o tempo todo, no sono ou na vigília.

Um corretor descobre as riquezas da autoconfiança

Um jovem corretor de terrenos me disse: "A situação econômica está ruim", "O mercado está desaquecido", "O negócio vai mal". Ele estava dando atenção a carência e limitação. Naturalmente, não estava realizando vendas. Tinha um sentimento de inadequação e timidez.

Eu lhe disse que se ele fizesse afirmações construtivas para o subconsciente muitas vezes por dia tudo iria mudar. Minha secretária lhe digitou um cartão com as afirmações a seguir, que ele foi instruído a usá-lo de 12 a 15 vezes por dia: "Eu tenho uma fé absoluta na Providência e Orientação Divinas. Sei que todos que compraram terrenos prosperaram e foram abençoados. A Inteligência Infinita atrai compradores para mim que têm dinheiro, querem terrenos e se alegram quando os possuem. Sou abençoado e eles são abençoados. Eu tenho a força e o poder do Senhor. Atividade Divina e resultados imediatos perfeitos estão ocorrendo em minha vida agora, e sou grato pelos milagres em minha vida."

Carregando esse cartão e repetindo frequentemente essas verdades, ele recuperou a confiança na capacidade de vendas, começou a fechar negócios, prosperar e se expandir em todos os sentidos. Ele me disse no Wilshire Ebell Theatre, onde dou palestras públicas:

COMO SEUS SONHOS COM DINHEIRO PODEM
TORNÁ-LO RICO — O SEGREDO DA OSMOSE PSÍQUICA

"Milagres estão acontecendo em minha vida. Esta semana vendi terrenos no valor de meio milhão de dólares, em Valley."

As bênçãos de Deus nunca terminam. Abra sua mente e seu coração e obtenha todas as riquezas que poderia desejar para si mesmo.

Meditação para as riquezas da fé

Jesus disse: "Tua fé te salvou."

Eu positivamente acredito no poder curativo de Deus em mim. Meu consciente e meu subconsciente estão perfeitamente de acordo. Eu aceito a afirmação da verdade que afirmo. As palavras que pronuncio são palavras do Espírito, e são verdadeiras.

Agora declaro que o poder curativo de Deus está transformando todo o meu corpo, tornando-me inteiro, puro e perfeito. Eu acredito com uma profunda certeza interior que minha prece de fé está sendo atendida agora. Sou guiado pela Sabedoria de Deus em todos os assuntos. O amor de Deus flui para minha mente e para meu corpo, transbordando de beleza e graça e transformando, restaurando e energizando cada átomo do meu ser. Sinto uma paz que está além da minha compreensão. A Glória de Deus me envolve e repouso nos Braços Eternos.

Pontos importantes a lembrar neste capítulo

1. Emerson diz para você confiar em si mesmo: "Todos os corações vibram nessa corda de ferro." Una-se ao Deus dentro de

você, dando-se conta de que tudo é possível para Ele. Confie totalmente que essa Presença atenderá ao seu chamado e o ajudará a realizar seus sonhos.

2. Você é único. Não há ninguém no mundo como você. Você é dotado de certas qualidades, habilidades e capacidades. Quando afirmar "Deus revela minha real expressão", portas se abrirão e você saberá como expressar-se Divinamente, estando em seu lugar na vida e fazendo o que ama fazer. Divinamente feliz e Divinamente próspero.

3. Se você for professor de um grupo de garotos na Escola Dominical, ensine-lhes que eles são filhos de Deus e que Deus os ama e se importa com eles. Faça-os afirmar essas verdades com frequência, sabendo que haverá uma resposta imediata da Presença de Deus neles, e Deus revelará suas maravilhas de modo diferente para cada garoto. Quando você fizer isso, eles se tornarão mais autoconfiantes e autossuficientes.

4. Confiança significa "com fé". Tenha fé em que quando você invocar a Inteligência Infinita, ela lhe responderá. Você aumenta sua fé quando percebe que seus sonhos são criativos; você atrai o que sente e se torna o que imagina. Toda ideia sentida como verdadeira será impressa em sua mente subconsciente e se concretizará. Esse conhecimento aumenta sua fé nas leis de sua mente, e colocá-lo em prática operará milagres em sua vida.

5. Uma fórmula mágica para aumentar a autoconfiança e o sucesso é olhar para o espelho de manhã e afirmar por cerca de cinco minutos: "Se Deus é por mim, quem será contra mim? Eu posso fazer tudo por meio do Poder de Deus, que me fortalece." Crie esse hábito e você estará repleto de confiança e fé nas coisas boas, e maravilhas acontecerão em sua vida.

COMO SEUS SONHOS COM DINHEIRO PODEM
TORNÁ-LO RICO — O SEGREDO DA OSMOSE PSÍQUICA

6. Insista no melhor da vida e obterá o melhor. "Ninguém pode privá-lo do máximo de sucesso, exceto você mesmo", disse Emerson. Conscientize-se de que você é um com o Infinito e que o Infinito não falha.

7. Você deve ter uma fé praticável. Em outras palavras, deve demonstrar sua fé em Deus e em todas as coisas boas. Ela deve se revelar em sua casa, seus relacionamentos, suas finanças e seu patrimônio líquido. Fé sem demonstração de resultados é inoperante. Tenha fé nas leis criativas de sua mente, que nunca falham e nunca mudam.

8. Pense em si mesmo agora como rico e bem-sucedido. Imagine a realidade disso, e independentemente dos aparentes obstáculos e das dificuldades, você experimentará o resultado de sua imagem mental. Sua imagem mental é soberana, e quando você lhe dedica atenção, fé e confiança, ela se torna realidade.

9. Sempre há uma resposta. Há Alguém que se importa — Aquele que criou você e o Universo. Confie Nele. Ele é o Único, o Belo e o Bom.

10. Ao vender terras, perceba que o que você busca também o está buscando. Afirme corajosamente que a Inteligência Infinita atrai para você compradores que têm dinheiro e querem a terra, e que eles prosperarão com isso e ficarão felizes. Eles são abençoados e você é abençoado. Afirme a atividade divina e perceba que, como as bênçãos e riquezas de Deus nunca param de fluir para a sua experiência, milagres ocorrerão em sua vida. O dia se abrirá para você e todas as sombras desaparecerão.

11. Repita a meditação no fim do capítulo para as infalíveis Riquezas da Fé.

CAPÍTULO 14
Como usar a surpreendente lei que revela todos os segredos do dinheiro

O amor sempre se volta para fora. É uma emanação. O amor deve ter um objeto. Você pode se apaixonar por música, arte, um grande projeto, um empreendimento, ciência e muitas outras coisas. Pode sempre se apaixonar profundamente pelos grandes princípios e pelas verdades eternas, que nunca mudam. O amor é uma conexão emocional com seu ideal, sua causa, seu projeto ou sua profissão.

Einstein amava os princípios da matemática e eles lhe revelaram seus segredos. É isso que o amor faz. Você pode se apaixonar por astronomia, e ela lhe revelará todos os seus segredos. Quanto você quer o que deseja? Você quer abandonar seus velhos ideais e a visão tradicional das coisas, tendo novas ideias, novas imagens e novos pontos de vista? Está aberto e receptivo? Você quer ter uma boa digestão? Se quer, deve abandonar o ressentimento, a irritação e o rancor. Quer saúde e sucesso? Se quer, deve estar disposto a aceitar as riquezas dentro e fora de você.

Dê-se conta de que você nasceu para ser bem-sucedido, porque o Infinito dentro de você não falha. Você tem de abandonar o ciúme, a inveja e todos os falsos conceitos que pode ter de Deus e experimentar a alegria de uma vida mais rica e abundante.

Como um ator provou as riquezas do amor

Certa vez, um ator me disse: "Eu tenho medo de fracassar; de sofrer um colapso mental no palco; de dizer a coisa errada." A imagem vívida dele era de fracasso. Eu lhe expliquei que ele era o mestre, um rei responsável pelos próprios pensamentos, ideias, imagens e respostas; que ele reinava absoluto sobre a mente e o corpo dele, e eles automaticamente lhe obedeciam; que tinha a autoridade para organizar os pensamentos e instruí-los a dar atenção ao seu ideal e ao poder de Deus dentro dele. Além disso, eu lhe disse que tudo que ele tinha de fazer era se apaixonar por um novo conceito, uma nova ideia, um novo modelo de si mesmo.

Ele usou a seguinte fórmula da vitória

O homem afirmou frequentemente: "De agora em diante dedico toda a minha devoção e lealdade ao Deus em mim, que não é nada além de meu Eu Superior. Sei que amar meu Eu Superior significa ter um saudável e reverente respeito pelo Divino dentro de mim, que é todo-poderoso e onisciente. De agora em diante, sei que amar Deus é me recusar a dar poder a qualquer outra pessoa, lugar ou coisa, dedicando minha suprema lealdade à Presença e ao Poder Unos dentro de mim. Sei que posso fazer tudo por meio do Poder de Deus, que me fortalece. Agora imagino que estou atuando para um público distinto. Eu vivencio o papel, sinto-me arrebatado, fascinado e absorto na trama; ouço entes queridos me parabenizando. É maravilhoso."

O ator começou a afirmar essas verdades três ou quatro vezes por dia. Além disso, atuou em uma vívida cena imaginária e se apaixonou por um conceito mais grandioso e mais nobre de si mesmo. Todo o medo desapareceu, porque o amor expulsa o medo. O amor que ele transmitiu era sua conexão emocional com seu ideal de um desempenho magnífico. Hoje ele dispõe de uma renda fabulosa, porque começou a se conectar com o Deus dentro de si mesmo.

No amor não há medo. O amor perfeito expulsa o medo (I João 4:18).

As riquezas do amor salvaram-lhe a vida

Um oficial que voltou do Vietnã me contou que, em uma de suas patrulhas noturnas, ele e seus homens sofreram uma emboscada. Balas voavam ao redor, e subitamente ele se viu totalmente só. Ele me disse que tudo de que se lembrou foi de algumas passagens do Livro de Salmos, e que parecia congelado no chão. Ele repetiu: *Sob as suas asas você encontrará refúgio* (Salmos 9:4). *O Senhor é a minha luz e a minha salvação* (Salmos 27:1). *O Senhor é meu forte refúgio; de quem terei medo?* (Salmos 27:1).

Enquanto ele repetia essas verdades, foi dominado por uma sensação de paz e grande segurança; foi Divinamente conduzido para um lugar seguro e resgatado por um helicóptero na manhã seguinte. Todos os seus homens morreram naquela emboscada. Ele me disse: "Eu falei com Ele e Ele me respondeu."

Ele descobriu as riquezas da lei do amor

Recentemente um médico me falou sobre uma paciente sua, uma velha amiga que lhe devia mais de US$3 mil e estava demorando muito para pagar. Ele havia sido muito leniente com ela, mas sabia que ela havia herdado US$100 mil, por isso pediu que lhe pagasse. Ela reagiu com muita amargura e sarcasmo, e o acusou de lhe prescrever as vitaminas erradas. Disse que os tratamentos dele não eram bons, e assim por diante. Ele a deixou falar e foi embora.

O médico disse a si mesmo que em vez de entregar a conta para uma empresa de cobrança, aplicaria a lei do amor. Então, em sua meditação matutina e noturna, afirmou que a Sra. Jones (não é seu verdadeiro nome) era honesta, afetuosa, gentil e pacífica, e que o amor e a harmonia de Deus saturavam todo o seu ser. Imaginou-a na sua frente, dizendo: "Eis o cheque, obrigada. Deus o abençoe."

Ele fez isso por alguns minutos, de manhã e à noite, e no fim de alguns dias o resultado foi surpreendente. Essa mulher rica foi visitá-lo, pedindo muitas desculpas e lhe pagou US$5 mil, não os US$3 mil que devia. Ele havia descoberto as riquezas da lei do amor. Note que ele não retaliou ou a criticou de nenhum modo. Simplesmente a cercou do amor e da paz de Deus, e a ação correta Divina ocorreu.

As riquezas do amor nunca falham

O amor é um expandir do coração. É boa vontade para com todos. Se você está trabalhando em um escritório, uma fábrica ou uma loja, rende-lhe fabulosos dividendos desejar a todos ao seu redor saúde, felicidade, paz, promoção, riqueza e todas as bênçãos da vida. Quando você irradia amor e boa vontade para todos, desejando-lhes riquezas e promoção, ao mesmo tempo abençoa a si mesmo e prospera. Lembre-se de que aquilo que você deseja para o outro deseja para si próprio e aquilo que você nega aos outros nega a si próprio.

Você é o único pensador de seu universo, e seus pensamentos são criativos; é simples e sensato ter boa vontade para com os outros e irradiar para eles amor e todas as bênçãos da vida. O presidente de uma grande rede me disse alguns dias atrás que o motivo de 99 por cento das demissões na empresa dele não era por incompetência, roubo ou atraso, mas pela incapacidade dos indivíduos de se relacionarem com os colegas de trabalho e clientes.

O amor é o cumprimento da lei (Romanos 13:10). O amor de que fala a Bíblia não é um sentimento ou uma criação de Hollywood. É a força coesiva que une famílias e nações, mantendo o mundo e as galáxias no espaço se movendo rítmica, harmoniosa e pacificamente através dos tempos. O amor é a lei da saúde, felicidade, paz, prosperidade e vida alegre e exitosa. Os filhos do amor são harmonia, saúde, paz, bondade, alegria, honestidade, integridade, justiça e riso.

Comece agora a irradiar todas as bênçãos da vida para todos ao seu redor e em toda parte. Saúde a Divindade no outro e silenciosamente lhe deseja: "As riquezas de Deus estão fluindo através de você." Ficará surpreso com quanto prosperará. Chuvas de bênçãos cairão sobre você.

As infinitas riquezas do bálsamo curador do amor

O falecido Dr. Harry Gaze, um palestrante internacional famoso que atuava na área das leis espirituais e mentais, falou sobre um homem em Londres que estava definhando em virtude da tuberculose. O consultor espiritual desse homem descobriu que ele odiava banqueiros, corretores e todas as pessoas ricas. Esse sentimento tinha origens em sua primeira infância, quando viu o pai ser despojado da própria casa por falta de pagamento ao banqueiro local. O garoto generalizou o que era particular e odiava todos os banqueiros e ricos.

Seu conselheiro espiritual lhe disse que fosse à Bolsa de Valores de Londres, ficasse meia hora na rua perto do prédio e, para cada pessoa — homem ou mulher — que passasse, afirmasse:

"O amor de Deus enche sua alma. As riquezas de Deus são suas agora." O homem fez conforme lhe foi dito, embora no início com relutância, mas cumpriu o combinado, e, ao expressar deliberada e conscientemente amor e riquezas para todos, tudo isso voltou multiplicado, firmado, sacudido e transbordante.

O Dr. Gaze disse que esse homem havia tido uma cura notável. Testes de escarro e todos os outros tipos de exame de especialistas da Harley Street mostraram que ele estava totalmente curado. Esse homem obteve um emprego em um banco famoso e se tornou muito bem-sucedido e imensamente rico. O Amor Divino tornou-se vivo no coração, no corpo e também no dinheiro em seu bolso.

As riquezas em amar sua família do modo certo

Afirme que as pessoas amadas estão vivas no amor de Deus e que esse amor lhes satura e permeia todo o ser. Com o olho de sua mente, visualize seu ente querido cercado pela luz do amor de Deus. Dê-se conta de que essa luz curadora do amor de Deus o cerca, envolve e lhe ilumina a mente e o corpo. Milagres acontecerão se você rezar dessa maneira.

Ela descobriu o poder curativo do amor

Uma jovem secretária que havia usado várias loções para manter o rosto livre de erupções de pele conhecidas como acne, descobriu que ainda assim elas persistiam. À minha sugestão, fez em si mesma o tratamento do espelho, seguindo o que diz a Bíblia: *Então sua carne se renova como de criança; ele se rejuvenesce* (Jó 33:25).

Nós mudamos um pouco o versículo, e, ao olhar para o espelho todas as manhãs, ela afirmou: "Minha pele é um envelope para o amor de Deus. Está imaculada. Está mais fresca do que a de uma criança, e o brilho da juventude e beleza satura todo o meu ser."

Seu rosto ficou limpo em algumas semanas, e agora está macio e bonito como ela desejava, irradiando o amor de Deus.

As riquezas do amor trazem justiça em um processo

Durante uma conversa com uma mulher terrivelmente frustrada por um longo processo que já durava mais de cinco anos, ela salientou quanto o juiz da primeira instância fora injusto e disse que agora o processo iria para o tribunal de recurso. Ela disse que uma testemunha mentiu deliberadamente e jurou em falso, acrescentando que aquilo tudo era muito injusto.

Eu lhe sugeri que rezasse pela manhã e à noite desta maneira: "Todos os envolvidos nesse processo estão dentro do círculo sagrado do amor de Deus. O amor de Deus, a verdade e a harmonia reinam supremos na mente e no coração de todos os envolvidos. A Mente Divina conhece todos eles, e a lei do amor prevalece." Essa oração dissipou toda a amargura, o ressentimento e a hostilidade alojados em sua mente subconsciente.

Seu oponente no processo morreu em uma manhã, a caminho do tribunal, e a família dele de bom grado resolveu a questão fora do âmbito da justiça. Ela ficou totalmente satisfeita com o acordo.

As riquezas do poder protetor do amor

Um médico amigo meu me disse que um de seus pacientes havia encostado uma arma em sua cabeça e dito: "Deus me disse para matá-lo." O médico respondeu calmamente: "Deus mudou de ideia porque esta manhã ele me disse o que fazer para curá-lo e torná-lo uma alma grandiosa e iluminada. Deus habita em você e Deus habita em mim. Deus não pode se contradizer. Deus é amor e quer você inteiro e perfeito agora."

O paciente lhe entregou a arma e ele o internou em uma clínica psiquiátrica para tratamento. O médico é um homem espiritualizado e sabia que sua contemplação da Presença de Deus no paciente seria sentida por ele. *O amor perfeito expulsa o medo* (I João 4:18).

O amor une e cura

Sua esposa, seu marido, seu filho e sua filha precisam se sentir amados, queridos, valorizados e importantes de uma forma geral. Um homem me disse recentemente: "O motivo pelo qual eu tenho uma amante é que ela faz com que eu me sinta importante. Ela me elogia por minhas conquistas, diz quanto eu sou maravilhoso, bom de conversa, inteligente e brilhante em minha profissão. Ela faz com que eu me sinta um rei."

Eu lhe perguntei: "E quanto à sua esposa? Ela é a mãe de seus quatro filhos. É leal, dedicada, sincera e uma mãe maravilhosa."

"É verdade", disse ele. "Mas eu não sou ninguém quando vou para casa. Não obtenho reconhecimento algum. Ela me critica."

Eu expliquei a ele que muitas mulheres criticam porque não obtêm reconhecimento, atenção e elogios. Além disso, uma esposa detecta subconscientemente a infidelidade. Ele não queria se divorciar, e eu reuni os dois. Eles concluíram que o amor de fato estava lá, porém latente e nunca abertamente expressado. Durante anos, nenhum dos dois havia expressado o amor que um sentia pelo outro. Tinham um ao outro como algo certo.

Para preservar o casamento, ambos iniciaram um processo de oração: ele com o Salmo 91 todas as noites e ela com o Salmo 27 todas as manhãs. Ambos concordaram em irradiar amor, paz e harmonia um para o outro regular e sistematicamente. Também concordaram em afirmar um para o outro durante cinco minutos todos os dias. "O amor de Deus enche sua alma. Eu te amo."

O amor os uniu em um abraço Divino, porque o amor é o solvente universal. Somente Deus e o amor Dele podem curar, e curam, as feridas da humanidade.

Meditação: O amor e a boa vontade me fazem prosperar

"Todos vocês são irmãos, porque um só é seu pai." Eu sempre trago harmonia, paz e alegria para todas as situações e todos os meus relacionamentos. Eu sei, acredito e afirmo que a paz de Deus reina suprema na mente e no coração de todos em minha casa e em meu negócio. Não importa qual seja o problema, eu sempre mantenho a paz, o equilíbrio, a paciência e a sabedoria. Eu perdoo total e livremente todos, independentemente do que possam ter dito ou feito. Entrego todos os meus problemas ao Deus dentro de mim; eu me liberto; essa é uma sensação maravilhosa. Sei que sou abençoado quando perdoo.

Eu vejo o anjo da Presença de Deus atrás de cada problema ou situação difícil. Sei que a solução está lá e tudo está funcionando na Ordem Divina. Eu confio implicitamente na Presença de Deus. Ele sabe como alcançar o que tem de ser feito. A Ordem Absoluta do Céu e a Sabedoria Absoluta de Deus agem por meu intermédio agora e o tempo todo; eu sei que essa Ordem é a primeira lei do Céu.

Minha mente está agora alegre e ansiosamente concentrada nessa harmonia perfeita. Eu sei que o resultado inevitável é a solução perfeita; minha resposta é a resposta de Deus; ela é Divina, porque é a melodia transmitida por Deus.

Pontos importantes a lembrar neste capítulo

1. O amor está sempre no ar. O amor liberta, concede, é o espírito de Deus em ação. O amor deve ter um objeto. Você pode se apaixonar por música, arte, ciência, matemática ou pelas verdades de Deus. Também pode se apaixonar por seu Eu Superior reconhecendo-o como a Fonte de todas as bênçãos. Ele é Deus em você.

2. Você é o rei e senhor absoluto de seus pensamentos, suas imagens, suas ideias e respostas. Pode comandar seus pensamentos como um empregador diz aos empregados o que fazer. Pode conduzir corretamente seus pensamentos do mesmo modo como conduz seu carro.

3. Amar seu Eu Superior, ou Deus, significa ter um reverente e saudável respeito pelo Divino em você, que é todo-poderoso, onisciente, tudo sabe e tudo vê. Em outras palavras, significa dedicar uma suprema lealdade ao Espírito dentro de você, que é Deus, e se recusar totalmente a delegar poder a qualquer coisa criada.

4. Você pode se apaixonar por um conceito mais grandioso e mais nobre de si mesmo imaginando que está fazendo o que ama fazer. Fique absorto em um filme mental e atingirá seu objetivo. O amor expulsa todo o medo.

COMO USAR A SURPREENDENTE LEI
QUE REVELA TODOS OS SEGREDOS DO DINHEIRO

5. Em meio a uma emergência, afirme: "O Senhor é a minha luz e a minha salvação, de quem terei temor? O Senhor é meu forte refúgio, de quem terei medo?" Haverá uma resposta e você ficará seguro.

6. Quando uma pessoa for abusiva e se recusar a pagar uma dívida justa, cerque-a de luz e amor; sinta e saiba que o amor de Deus flui através dela e a lei da harmonia prevalece. Uma solução harmoniosa se seguirá.

7. Irradie amor, paz e boa vontade para todos ao seu redor e em toda parte. Deseje-lhes saúde, felicidade, paz, abundância e todas as bênçãos da vida. Quando você tornar isso um hábito, obterá inúmeras bênçãos. Noventa por cento das pessoas que fracassam na vida o fazem porque irritam os outros. A resposta é amor e boa vontade.

8. Amor é o cumprimento da lei da saúde, da felicidade, da riqueza e do sucesso. Amor é boa vontade para com todos, e o que você deseja para os outros deseja para si próprio.

9. Se você se ressente da riqueza e do sucesso alheio, afirme para todos que vier a encontrar: "O amor de Deus enche sua alma e as riquezas de Deus são suas agora." Milagres acontecerão em sua vida e você será curado da inveja e má vontade, e prosperará.

10. Se for casado, diga à sua esposa ou ao seu marido: "Eu te amo. Deus te ama." Sinta isso; acredite nisso; proclame isso. O amor une e preserva o casamento.

11. Se você tem algum problema de pele, afirme: "Minha pele é um envelope para o amor de Deus, e está imaculada." Perceba que o Amor Divino dissolve tudo que é contrário a si mesmo, e sua pele se tornará íntegra, radiante e perfeita.

12. Se envolvido em um prolongado e complicado processo de qualquer tipo, perceba que o amor de Deus flui através da mente e do coração de todos os envolvidos, e que há uma solução Divina através da harmonia e do amor de Deus. Veja o final feliz e contemple a solução Divina pela ação do amor de Deus, e a vitória e ação certa serão suas.

13. Você pode se proteger percebendo o amor de Deus no outro e o amor de Deus o saturando e cercando. Conscientize-se de que é Deus falando com Deus, e você será protegido e liberto.

14. Um homem casado que tem uma amante geralmente diz que o motivo é que a amante o elogia e o faz se sentir maravilhoso e importante. Ela salienta todas as suas boas qualidades. Para preservar o casamento, vejam e exaltem Deus um no outro e o casamento será cada vez mais abençoado ao longo dos anos. O amor une. O amor cura. O amor restaura a alma. Deus é amor.

15. Usar a meditação no fim do capítulo se revelará muito benéfico para você por todos os tipos de riqueza na vida diária.

CAPÍTULO 15
Como se carregar do magnetismo do dinheiro

Ralph Waldo Emerson disse: "Nada pode lhe trazer paz além do triunfo dos princípios." Quando você aprender o modo como sua mente funciona e a dirigir sabiamente, terá mais paz, prosperidade, estabilidade, equilíbrio e segurança.

O engenheiro segue os princípios da matemática para construir uma ponte; ele adquire o conhecimento de estresse, tensão e outros cálculos científicos complexos baseados em leis imutáveis que são as mesmas de ontem, hoje e sempre.

As leis da sua mente são mencionadas repetidamente na Bíblia, que diz: *Vá, e como creste te seja feito* (Mateus 8:13).

O excesso de tensão interfere na vida produtiva de milhares de pessoas, trazendo em sua esteira frustração e muitas perturbações nervosas. Uma certa quantidade de ansiedade é normal e necessária. Por exemplo, o cantor prestes a ir para o palco sente um pouco de tensão, o que é um acúmulo de energia e poder que carrega suas baterias espirituais e mentais, permitindo-lhe superar qualquer sentimento de fracasso. É a tensão excessiva e prolongada que é perigosa. O momento em que o cantor começa a cantar marca o início do consumo desse excesso de energia, do mesmo modo como um relógio de corda marca a passagem do tempo. Se você lhe dá corda demais, quebra a mola, e então não teremos uma canção.

Quando você se carregar do sentimento de que pode fazer tudo através do Poder de Deus que o fortalece, terá um ótimo desempenho.

Como um empresário superou a tensão e a ansiedade causadas por dívidas

Recentemente, conversando com um empresário que encontrei no avião para Las Vegas, em Nevada, ele me disse que uns cinco anos atrás estava profundamente endividado, e que muitos de seus fornecedores o estavam pressionando para pagamento e o ameaçando de ação legal. Ele disse: "Uma noite eu me sentei e li o Salmo 2. Então surgiu uma ideia dentro de mim de fazer uma lista de todos aqueles para quem eu devia dinheiro e as quantias. Anotei cada nome seguido da quantia exata, e então visitei em minha imaginação cada um e lhe entreguei um cheque no valor exato do que devia. Com o olho da minha mente, vi cada um sorrir, me agradecer e me parabenizar. Senti o aperto de mão de todos, vi o olhar feliz em cada rosto e ouvi cada qual me dizer que sempre me daria crédito."

Ele disse que repetiu essas imagens mentais, ou cenas de filme, todas as noites com sensorial nitidez, sentindo a naturalidade e alegria disso tudo. Depois do processo de oração, teve uma grande sensação de paz e tranquilidade e umas duas semanas depois, um sonho muito vívido e profético. Um homem lhe apareceu no sonho, instruindo-o a ir a um determinado cassino e jogar em certos números na roleta, e ele viu a quantia que ganharia.

Na noite seguinte, fez exatamente como fora instruído no sonho e ganhou US$30 mil, com os quais pagou todas as dívidas. Desde então nunca mais jogou e entende que a sabedoria de seu subconsciente atendeu de seu modo único ao pedido. Ele olhou para o final feliz em sua meditação todas as noites e, tendo visto e sentido sua prece ser atendida, experimentou a alegria disso. O dinheiro é realmente um pensamento-imagem em sua mente. Seus pensamentos são coisas. A riqueza é nada mais, nada menos que um estado mental.

Como se livrar da ansiedade causada por dívidas

Eu dei a oração a seguir para muitas pessoas ao longo dos anos que estavam cheias de dívidas e contas não pagas se empilhando:

> Deus é a Fonte de meu suprimento. Eu sei que quando estou ansioso não estou confiando Nele. O dinheiro que agora tenho é aumentado e multiplicado por mil. Estou consciente de que todo o dinheiro que tenho é um símbolo das riquezas infinitas de Deus. Eu me volto para a Presença Infinita dentro de mim, sabendo em meu coração e minha alma que essa Presença abre o caminho para que eu pague todas as minhas dívidas, deixando-me um grande excedente. Eu entrego uma lista de todas essas dívidas nas mãos do meu Pai Celestial, e agradeço por serem todas pagas na Ordem Divina. As riquezas de Deus estão circulando em minha vida, e eu me rejubilo e estou extremamente feliz por todos os credores serem pagos agora e Deus me fazer prosperar muito além dos meus melhores sonhos. Eu acredito que recebi agora, e sei que me será feito segundo minha fé. Sei que Deus fará chover bênçãos do Céu sobre mim agora.

Eu instruo cada pessoa endividada a afirmar essas verdades alegre e amorosamente, e entendendo que sempre há uma resposta de acordo com cada pedido. Quando pensamentos ansiosos surgirem em sua mente, nunca pense em contas, carência ou dívidas, mas agradeça sorridentemente pela Abundância e Riqueza Divinas, e se alegre por pagar a obrigação agora. Quando essa técnica é usada fielmente, há um recondicionamento da mente para a riqueza, e tenho visto resultados maravilhosos se seguirem. Você pode aplicar esse processo de oração e deixar milagres acontecerem em sua vida.

Aprenda a relaxar e deixar para lá e experimente as riquezas ao seu redor

Não é difícil acreditar na Fonte Invisível de suprimento. Seus sentidos lhe revelam o mundo ao seu redor neste plano tridimensional. Seus ouvidos estão sintonizados para ouvir apenas algumas oitavas de som, contudo seu rádio e seu televisor lhe revelam que ao seu redor há sinfonias, música, risadas, canções, dramaturgia, discursos e vozes a milhares de quilômetros de distância.

Seus olhos estão programados para ver os objetos físicos ao seu redor, mas a atmosfera é cheia de imagens de touradas na Espanha, navios no mar, óperas, reuniões de gabinete e o presidente dirigindo novas conferências. Você não vê raios gama, raios beta, ondas alfa, ondas de rádio e raios cósmicos, contudo a atmosfera está repleta dessas vibrações.

Seu pensamento-imagem de riqueza, dinheiro ou venda de propriedade que você não vê é a principal causa relativa dessa ideia, e aceitando essa verdade e sentindo a realidade disso seu pensamento-imagem invisível se tornará dinheiro, riquezas ou a casa de que você precisa. Pensamentos são coisas.

Como uma secretária superou a ansiedade e a tensão no escritório

Uma assessora jurídica se queixou para mim de que havia muito conflito e contenção em seu escritório. Ela acrescentou que havia

COMO SE CARREGAR DO MAGNETISMO DO DINHEIRO

considerável intriga e desautorização entre a equipe e os funcionários. O remédio que sugeri foi lhe explicar que ninguém poderia realmente perturbá-la, exceto ela mesma. Ela se perturbava com seus próprios pensamentos, sua reação ao que estava acontecendo. Se você parar de pensar, observará que sempre é o movimento de seu próprio pensamento que a perturba. As insinuações, afirmações e ações das outras pessoas não têm poder algum de perturbar ou aborrecer você, a menos que transfira seu poder inerente para elas e diga para si mesmo: "Ele ou ela tem o poder de me irritar." Desse modo, você está entronizando falsos deuses em sua mente. Sua harmonia, paz, saúde ou riqueza não depende dos outros. Entronize Deus em sua mente. Deixe Deus ser seu empregador, chefe, tesoureiro, ajustador e solucionador de problemas.

Eu sugeri para essa assessora que ela usasse regularmente a fórmula espiritual a seguir:

O amor de Deus me governa no trabalho. Eu não tenho nenhuma opinião sobre os outros; portanto, não posso sofrer ou ser perturbada. A paz e a harmonia de Deus governam a mim e tudo que faço. Todo pensamento ansioso é totalmente aquietado, porque eu estou trabalhando para Deus, e a paz Dele enche minha alma. A confiança e a alegria de Deus me envolvem o tempo todo. Todos que trabalham no escritório são filhos e filhas de Deus, e cada um contribui para a paz, harmonia, prosperidade e sucesso nesse escritório. O Amor Divino entra pela porta do nosso escritório; o Amor Divino governa a mente e o coração de todos no escritório; e o Amor Divino sai pela porta. Deus é meu chefe, meu tesoureiro, meu guia e meu conselheiro, e eu não reconheço nenhum outro. Eu dou todo o poder e reconhecimento a Deus e caminho serena e pacificamente à luz Dele. Rio, canto e me rejubilo. Deus faz maravilhas em minha vida.

Ela repetiu essa oração todas as manhãs antes de ir trabalhar e todas as noites antes de dormir, e rapidamente criou uma imunidade a todas as insinuações e todos os pensamentos negativos daqueles ao redor dela. Quando alguém era rude, odioso ou sarcástico, ela dizia silenciosamente para si mesma: "Eu saúdo a Divindade em você. Deus pensa, fala e age através de você." Nada a incomodava, nada a provocava, nada a perturbava e nada a assustava. Ela havia encontrado Deus dentro de si mesma e isso era suficiente.

Eu tive a alegria de realizar a cerimônia de casamento dessa jovem, que se casou com o presidente da corporação na qual ela trabalhava. Ele me disse: "Ela é a mais radiante e angelical de todas as moças em nosso escritório." Saber como rezar lhe rendeu fabulosos dividendos. Fará o mesmo por você.

Como um estudante superou a ansiedade em relação às provas

Um estudante em seu último ano na universidade me disse: "Estou muito tenso, cheio de ansiedade. Estudo em meu quarto à noite, mas me esqueço de tudo no dia seguinte, e fracassei em alguns exames. Fico paralisado. Leio o Velho Testamento todas as noites, mas isso não ajuda."

Eu lhe expliquei que o problema dele era a sensação constante de ansiedade e tensão; que ele vai para a sala de aula com medo de não se lembrar e presta o exame com medo de fracassar. Nesse estado de estresse, a mente cria um bloqueio e as respostas que estão no subconsciente não chegam à mente na superfície. Eu lhe disse: "Você lê o Velho Testamento, mas não o pratica, não é?"

Eu apresentei a esse jovem uma fórmula espiritual, sugerindo que todas as noites, antes de estudar, ele rezasse e afirmasse o seguinte: *Sujeite-se a Deus, fique em paz com ele, e a prosperidade virá a você* (Jó 22:21). *Se ele permanecer calado, quem poderá condená-lo?* (Jó 34:29). *Porque assim diz o Senhor Deus, o Santo de Israel: voltando e descansando sereis salvo; no sossego e na confiança estaria a vossa força, mas não quisestes* (Isaías 30:15). *Porque Deus não é Deus de confusão, se não de paz, como em todas as igrejas dos santos* (I Coríntios 14:33). *Muita paz têm os que amam a tua lei, e para eles não há tropeço* (Salmos 119:165).

Ele saturou a mente todas as noites dessas grandes verdades, assimilando-as e digerindo-as mentalmente. Imaginou essas verdades afundando na mente consciente como sementes depositadas no solo, e se tornando uma parte sua. Fez um ajuste mental e concentrou a atenção no rio de paz de Deus e não mais em seus problemas.

A mente dele agora estava em Deus, e todas as noites, pouco antes de dormir, afirmava: "Eu me lembro perfeitamente de tudo que preciso saber, passo em todos os exames na Ordem Divina e agradeço." Ele está acima do problema e eu estou relaxado mental, espiritual e fisicamente. A ansiedade desapareceu e o talento e a memória foram liberados. Saturando a mente dessas verdades bíblicas antigas, ele neutralizou todos os padrões negativos da mente subconsciente e foi transformado pela renovação da mente.

Como um executivo superou a ansiedade relacionada aos negócios

Recentemente entrevistei um empresário que me disse que seu médico havia diagnosticado seu caso como "neurose de ansiedade". Ele acrescentou que estava terrivelmente tenso, sofria de insônia e estava ansioso em relação ao dinheiro, ao futuro, aos filhos e à inflação.

Eu lhe expliquei que uma certa quantidade de tensão é boa. Por exemplo, aço sem tensão não seria considerado bom aço. Acrescentei que sem dúvida seu médico estava se referindo à tensão ou energia malconduzida. Sugeri que ele cooperasse com o médico, mas também lhe disse para praticar a excelente terapia de palavras.

O modo como ele superou a neurose de ansiedade é descrito a seguir. Ele começou a fazer sessões tranquilas consigo mesmo três ou quatro vezes por dia, nas quais afirmava calma e amorosamente:

Meus pés estão relaxados, meus tornozelos estão relaxados, minha coluna está relaxada, meu pescoço e meus ombros estão relaxados, meu cérebro está relaxado, meus olhos estão relaxados, minhas mãos e meus braços estão relaxados, todo o meu ser está relaxado, e sinto o rio de paz de Deus fluindo através de mim como um rio dourado de vida, amor, verdade e beleza. O espírito e a inspiração do Todo-Poderoso fluem através de mim me vitalizando, curando e restaurando todo o meu ser. A sabedoria e o poder do Todo-Poderoso me permitem atingir todos os meus objetivos na Ordem Divina através do Amor Divino. Eu estou sempre relaxado, sereno, estável e equilibrado, e tenho fé e confiança em Deus e em todas as coisas boas. Posso fazer tudo através do Poder de Deus, que me fortalece. Habito no lugar secreto do Altíssimo, e todos os meus pensamentos são de harmonia, paz e boa vontade para com todos. *Porque Deus não nos deu o espírito de temor, mas de fortaleza, e de amor, e de moderação* (II Timóteo 1:7). Eu durmo em paz e acordo alegre. Deus supre todas as minhas necessidades e as riquezas Dele fluem livremente para minha experiência. Minha segurança é Deus e o Amor Divino.

COMO SE CARREGAR DO MAGNETISMO DO DINHEIRO

Ele reiterou essas verdades frequentemente durante o dia, e essas maravilhosas vibrações espirituais neutralizaram e obliteraram o centro de ansiedade doente em sua mente subconsciente. Suas duas palavras favoritas passaram a ser "serenidade e tranquilidade". Ele descobriu que havia reservas espirituais com as quais podia contar para aniquilar todos os pensamentos ansiosos e de preocupação. Agora ele tem uma fé profunda em todas as coisas boas e descobriu que a paz é o poder do coração de Deus. Que *a paz de Cristo reine no coração de vocês* (Colossenses 3:15).

Meditação para estar na presença de riquezas infinitas

A meditação a seguir tem feito maravilhas para as pessoas que desejam vidas mais ricas e constante prosperidade:

> Hoje eu renasço espiritualmente! Eu me desvinculo totalmente do velho modo de pensar e trago o Amor Divino, a luz e a verdade definitivamente para a minha experiência. Amo de modo consciente todos que encontro. Digo mentalmente para todos com quem entro em contato: "Eu vejo Deus em você e sei que você vê Deus em mim." Reconheço as qualidades de Deus em todos. Pratico isso de manhã, ao meio-dia e à noite; isso é uma parte viva de mim.
>
> Eu estou renascendo espiritualmente agora, porque pratico a presença de Deus o dia inteiro. Não importa o que eu esteja fazendo — andando na rua, indo às compras ou cuidando dos meus assuntos diários —, sempre que meu pensamento se desvia de Deus e do bem, trago-o de volta para a contemplação da Santa Presença Divina. Sinto-me

nobre, digno e à semelhança de Deus. Caminho de ótimo humor sentindo minha unicidade com Deus. A paz Dele enche minha alma.

Pontos importantes a lembrar neste capítulo

1. Nada pode lhe trazer paz além do triunfo dos princípios. Use sua mente do modo certo alimentando-a com as ideias divinas e você experimentará serenidade e tranquilidade. Pense certo, sinta certo, aja certo, faça certo e reze certo.

2. Uma certa quantidade de tensão é boa. Tensão excessiva é destrutiva. Se você dá corda demais em seu relógio, quebra a mola. Para todo trabalho ou desempenho importante, você acumula certa quantidade de energia, que é o poder de Deus permitindo-lhe ter um desempenho maravilhoso, e, como um relógio de corda bem lubrificado, você marca a energia usada rítmica, harmoniosa e alegremente. Excesso de tensão é medo e ansiedade. Contemple a paz de Deus fluindo através de você e o poder do Todo-Poderoso fortalecendo-o, e a ansiedade e o medo serão anulados e desaparecerão.

3. Quando você tem muitas contas não pagas, não habita em seu devido lugar. Afirme que Deus é sua fonte imediata, suprindo todas as suas necessidades financeiras agora. Anote os nomes de todos os credores e as quantias que deve a cada um, e agradeça por eles estarem sendo integralmente pagos agora. Imagine que está dando a cada um deles um cheque, e que eles estão sorrindo e parabenizando-o. Faça isso repetidamente até sentir os tons da realidade.

COMO SE CARREGAR DO MAGNETISMO DO DINHEIRO

4. Rejubile-se e fique extremamente feliz por todos os credores serem pagos agora, e também pela riqueza de Deus circulando em sua vida; você prosperou muito além dos seus melhores sonhos. Acredite; rejubile-se; agradeça, porque Ele nunca falha.

5. Perceba que tudo que você olha neste Universo veio da mente invisível de Deus ou do homem. Seu pensamento-imagem de riqueza é a principal causa relativa dessa ideia, assim como seu rádio, seu carro ou sua casa são pensamentos-imagens na mente do engenheiro ou construtor. Ninguém pode perturbá-lo além de si mesmo. Isso é sempre o movimento de seu pensamento. Não é o que as pessoas dizem ou fazem que o aborrece; é a sua reação ou o seu pensamento em relação a isso. Onde não há nenhuma opinião, não há nenhum sofrimento. Mantenha os olhos na Presença de Deus e dedique sua lealdade e confiança à Causa Suprema dentro de você. Em outras palavras, pare de adorar falsos deuses. Com os olhos fixos em Deus não existe nenhum mal em seu caminho. Deus é seu chefe, seu pagador, seu guia e seu conselheiro, e você o honra e glorifica.

6. Excesso de tensão e ansiedade interfere em sua memória e eficiência em todos os sentidos. O modo ideal de aquietar a mente é se identificar com algumas das verdades eternas da Bíblia e reiterar essas pérolas de sabedoria espirituais. Por osmose, elas penetrarão em sua mente subconsciente e você se verá relaxado e em paz. Uma das pérolas é: *Tu guardarás em perfeita paz aquele cujo propósito está firme, porque em ti confia* (Isaías 26:3).

7. Quando você estiver tenso, ansioso, nervoso e preocupado, detenha-se nesta grande verdade: *Porque Deus não nos deu o espírito de temor, mas de fortaleza, e de amor, e de moderação* (II Timóteo 1:7). Se você tiver insônia, afirme antes de dormir:

"Eu durmo em paz, eu acordo alegre e eu vivo em Deus." *Quando se deitar, não terá medo, e seu sono será tranquilo* (Provérbios 3:24).

8. Use a meditação no fim do capítulo para aliviar a tensão e a ansiedade e ver Deus em todas as pessoas.

CAPÍTULO 16
Como obter automaticamente uma colheita abundante de bênçãos preciosas

A chave para a autoconfiança é dada por Emerson em seu trabalho sobre autossuficiência: "Confie em si mesmo: todos os corações vibram nessa corda de ferro (...) Grandes homens sempre fizeram isso (...) revelando sua percepção de que a fidedignidade absoluta residia no coração de cada um, operava por meio das próprias mãos e predominava em todos os pensamentos."

Grande número de homens e mulheres não confia em si mesmo; eles se diminuem e se rebaixam. O verdadeiro Eu de todos é Deus, ao qual Emerson se refere como a fidedignidade absoluta residente em seu coração, isto é, a Presença Divina está alojada em suas profundezas subjetivas, governando todo o seu corpo, observando-o quando você está profundamente adormecido. É o poder invisível que move suas mãos e lhe permite caminhar e conversar, revelando-lhe tudo que você precisa saber; e tudo que é exigido de você é que confie nessa Presença e nesse Poder, e a resposta será sua. O lugar de contato e conhecimento é dentro de si mesmo.

Como desenvolver a autoconfiança

A autoconfiança surge quando você percebe que Deus, que Emerson chama de fidedignidade absoluta, está em suas profundezas subjetivas. Afirme frequentemente: "Deus habita em mim, caminha e fala comigo. Deus está me guiando agora. Eu posso fazer tudo através do Poder de Deus, que me fortalece. Se Deus é por mim, quem será contra mim? Não existe nenhum poder para desafiar Deus, e Deus cuida de mim de todos os modos. Eu percebo que todos os problemas são Divinamente superados e aceito corajosamente cada missão sabendo que Deus revela a resposta. Deus me ama e cuida de mim."

Todas as manhãs e todas as noites, fique mentalmente absorto na beleza e sabedoria dessas verdades, e pouco a pouco elas o dominarão, penetrando em sua mente subconsciente, e você suportará todos os reveses com uma grande e permanente fé e confiança, além de uma sensação de vitória sobre todos os problemas.

Como a autoconfiança trouxe riquezas para um jovem

Conversando com um jovem farmacêutico faz algumas semanas, ele me disse que dois anos atrás havia sido demitido do emprego por incompetência, e considerava esse o dia mais afortunado de sua vida. Ele disse para si mesmo que somente o bem poderia advir daquilo, porque "eu sei que a Inteligência Infinita me guia, me dirige e me revela o próximo passo". A Inteligência Infinita fez maravilhas por esse jovem. Ele teve um profundo sentimento intuitivo de que deveria falar sobre sua demissão com o sogro, que imediatamente lhe adiantou fundos suficientes para abrir uma farmácia própria, afirmando que ele poderia lhe pagar aos poucos, sem juros.

Hoje ele possui duas lojas e conseguiu pagar ao sogro no primeiro ano. Acredita no Eu dentro de si mesmo e em sua capacidade de ser bem-sucedido. Sua autoconfiança lhe rendeu grandes dividendos, não só em dinheiro, mas em estabilidade, segurança e um raro senso de humor. Lembre-se de que a autoconfiança é contagiosa, comunicada subjetivamente aos outros, que o ajudam na realização do desejo de seu coração.

A autoconfiança acabou com sua falta de dinheiro

A falecida Dra. Olive Gaze, uma colega, falou-me sobre a boa sorte de um homem que foi até ela muito amargo e hostil com relação aos seus dois irmãos, que o haviam enganado e lhe levado uma grande soma em dinheiro. Ele estava com dificuldades financeiras e entrando em pânico.

Ela o instruiu a depositar sua confiança na Fonte e liberar os irmãos de seu ódio desta maneira: "Eu entrego meus irmãos totalmente a Deus. Acredito que Deus é a Fonte eterna de meu suprimento. O amor de Deus enche minha alma. A paz de Deus satura minha mente e meu coração. Eu tenho uma suprema confiança na orientação e nas direções de Deus. Sou forte no Senhor e em seu Supremo Poder. As riquezas de Deus fluem para mim livre, alegre e infinitamente. Eu agradeço pelas riquezas de Deus agora."

Plantando essas sementes de amor e confiança, toda a amargura dentro dele se dissipou. Esse homem estivera cuidando da avó, que era muito velha e frágil e não queria ir para um lar de idosos. Ele a visitava duas vezes por dia e providenciava para que nada lhe faltasse. Ia à mercearia, pagava as contas da avó e a levava de carro à igreja nos domingos, o tempo todo pensando que ela estava vivendo com uma magra pensão, além do seguro social. Ele era motivado pela bondade e pelo amor; não esperava nenhuma recompensa.

Contudo, uma noite a avó morreu subitamente, e imaginem a surpresa dele quando um advogado lhe ligou dizendo que ela lhe deixara em testamento toda a sua propriedade. Essa propriedade valia US$150 mil, o triplo da quantia que lhe fora levada pelos

O PODER MILAGROSO PARA ALCANÇAR RIQUEZAS INFINITAS

irmãos. A confiança na Fonte de todas as bênçãos, somada ao amor que ele lhe dedicara, ao perdão e à boa vontade, lhe trouxe uma colheita abundante.

Aumentando a autoconfiança antes de dormir

Um dos melhores modos de aumentar a autoconfiança é antes de dormir, quando você está em um estado de sonolência e relaxamento. Então há um afloramento de sua mente subconsciente, e esse é um dos melhores momentos para incutir novas ideias que impregnam sua mente mais profunda. Durante o período de sono, essas ideias gestam na escuridão de sua mente, e sua mente mais profunda determina o melhor modo de lhe trazer riquezas, prosperidade e sucesso.

Um empresário me disse que estava assolado pelo medo de fracasso e falência, e que não conseguia pagar o que devia ao fornecedor. Então eu lhe apresentei os seguintes pensamentos de confiança, saúde e sucesso para serem afirmados lenta, calma e sinceramente todas as noites antes de dormir. A fórmula é a seguinte:

Durmo em paz todas as noites e acordo alegre e confiante, sabendo que Deus está me guiando e revela o plano perfeito para a satisfação de meus desejos. Meu negócio é o negócio de Deus, e o negócio de Deus sempre prospera. A riqueza de Deus circula em minha vida e sempre há um excedente. Eu estou constantemente atraindo para mim cada vez mais clientes, e todos os dias de minha vida ofereço um serviço melhor. Todos os meus funcionários são abençoados e prosperaram, e a felicidade, a prosperidade e as riquezas de Deus reinam supremas na mente e no coração de todos.

COMO OBTER AUTOMATICAMENTE UMA
COLHEITA ABUNDANTE DE BÊNÇÃOS PRECIOSAS

Estou cheio de confiança e tenho uma fé absoluta em meu parceiro sênior, que é Deus.

O empresário usou essa técnica de oração-terapia todas as noites, e como carregou a mente subconsciente com esses padrões vivificantes, viu toda a sua vida e seus padrões de negócios mudar. Uma cadeia de lojas lhe ofereceu um ótimo preço pela loja e o terreno para construir uma filial. Ele ficou feliz em vender e recebeu muito mais do que esperava, o que lhe permitiu pagar todas as dívidas, se aposentar e ir para o Havaí, onde ele e a esposa compraram um condomínio, e no futuro planejam fazer uma grande viagem. Todos os funcionários foram contratados pela nova loja.

Os caminhos de sua mente interior Divina são inescrutáveis. Ele provou para si mesmo que o subconsciente é um verdadeiro banco que multiplica extraordinariamente o que você deposita nele.

As riquezas de uma nova avaliação de si mesmo

Aprove a si mesmo, aceite-se, percebendo que você é uma expressão individualizada de Deus. Você é um filho, ou uma filha, do Deus Vivo. Lembre-se de que sua nova avaliação, ou seu modelo, é sua profunda convicção na Inteligência Suprema em você, que sempre responde ao seu pensamento. Tenha fé no que nunca muda, é o mesmo ontem, hoje e sempre. Teólogos, governos, filosofias e valores fiscais mudam; enchentes vêm e vão; tudo muda e passa neste Universo. Mas lembre-se de que sempre que você depositar sua confiança no Princípio da Vida dentro de você, nunca lhe faltará nada de bom, e qualquer que seja a forma que o dinheiro assuma, você sempre terá tudo que precisa, assim como um excedente Divino.

Lembre-se das grandes verdades: *Não temerei mal algum, porque tu estás comigo* (Salmos 23:4). *Porque aos seus anjos dará ordem a teu respeito, para te guardarem em todos os teus caminhos* (Salmos 91:11).

Ela descobriu que as riquezas da autoconfiança dissiparam-lhe o complexo de inferioridade

Uma moça em uma loja de departamentos me disse: "Eu não sou ninguém. Nasci em um bairro muito pobre. Não obtive uma boa educação." Eu lhe expliquei que ela podia banir totalmente qualquer sentimento de inferioridade e autorrejeição mudando o conceito que ela fazia de si mesma e sabendo que condições, experiências e acontecimentos em sua vida eram efeitos, não as causas.

Ela decidiu banir todo o sentimento de inferioridade dando-se conta das seguintes verdades: "Eu sou uma filha de Deus. Sou única; não há ninguém no mundo como eu, porque Deus me ama e cuida de mim. Sempre que eu tender a criticar ou encontrar defeitos em mim mesma, imediatamente afirmarei: 'Eu exalto Deus em mim.' Deus está agora se expressando de um modo maravilhoso através de mim. Eu irradio amor, paz e boa vontade para todos. Sou uma com meu Pai, e meu pai é Deus. Sei que meu verdadeiro Eu é Deus, e deste momento em diante tenho um respeito reverente e saudável pela Divindade dentro de mim, que me criou e me deu vida, respiração e tudo o mais."

Meditando sobre essas verdades, ela viu todos os sentimentos de insegurança e inferioridade desaparecerem. Começou a pensar silenciosamente sobre o tipo de marido com quem gostaria de se casar. Logo depois conheceu um cliente na loja que era a resposta para seus sonhos mentais. Tudo isso aconteceu em um período de um mês. Ela se viu saindo de uma vida enfadonha, casada, com uma

COMO OBTER AUTOMATICAMENTE UMA
COLHEITA ABUNDANTE DE BÊNÇÃOS PRECIOSAS

casa suntuosa e um marido dedicado. Primeiro encontrou as riquezas interiores, e depois encontrou as riquezas da vida na tela do espaço.

Benefícios da riqueza de elogios

Um jovem me procurou dizendo que seu professor havia sugerido que ele participasse de suas aulas de cálculo, mas temia fazê-lo, não saber o suficiente. Eu lhe disse: "Robby, o professor não o teria convidado se não tivesse confiança em sua capacidade. Além disso, a Inteligência Infinita está dentro de si mesmo, e você é sábio e inteligente o bastante para saber que a Inteligência Infinita sempre lhe responde. Você tem o que é preciso. É atento, inteligente, alerta, tem uma mente brilhante e muita fé em Deus e nas leis mentais Divinas. Tenho total confiança em que você pode fazer isso, e quero que aceite o convite imediatamente. Deus o guiará em seus estudos e lhe revelará tudo que você precisa saber."

Essa foi a essência do que eu disse a ele. Robby ficou radiante com minha confiança nele e meu elogio à sua acuidade mental e sagacidade, e hoje é o melhor aluno da turma de cálculo. Foi nomeado presidente da classe e é pessoa de confiança do professor de matemática.

O que Robby precisava era de alguém que aumentasse sua confiança e apreciação de seu Eu Superior. Lembre-se de que a total confiança em seu Eu e no das outras pessoas operará milagres em sua vida e também na vida delas.

Uma esposa descobre as riquezas de despertar confiança no marido

A esposa de um professor universitário me disse que o marido era extremamente brilhante, mas parecia não ter nenhuma ambição;

que ele não era promovido há três anos. Ela acrescentou: "Acho que ele se sente inferior e inadequado."

Eu lhe sugeri que em vez de falar com o marido, o que tentara em vão, usasse o método silencioso, o que ela fez. Umas três vezes por dia, por três ou quatro minutos a cada vez, ela afirmaria o seguinte, sabendo que o marido receberia sua afirmação subjetivamente, e a mente subconsciente dele o impeliria a expressar seus poderes e suas habilidades latentes.

"Meu marido é um tremendo sucesso. Ele é absolutamente notável. O Infinito dentro dele é onisciente e todo-poderoso. Meu marido está acumulando glórias; está subindo a escada do sucesso e da promoção. Seus reais talentos são revelados e apreciados. Ele é Divinamente guiado e bem-sucedido agora. Eu sou grata, porque sei que aquilo que declaro desperta o dom de Deus dentro dele."

Três meses depois, o marido foi promovido a professor adjunto. Também se tornou consultor de uma grande corporação e sua renda triplicou. Ele está correspondendo à convicção que a esposa tinha quanto ao sucesso dele, inclusive sucesso financeiro.

Meditação para aumentar a autoconfiança

Eu sei que a resposta para o meu problema está no Eu Divino dentro de mim. Agora estou calmo, quieto e relaxado. Estou em paz. Sei que Deus fala em paz e não em confusão. Agora estou sintonizado com o Infinito; sei e acredito implicitamente que a Inteligência Divina está me revelando a resposta perfeita. Eu penso na solução para meus problemas. Agora vivo no estado de espírito que teria se meu problema estivesse resolvido. Realmente tenho

COMO OBTER AUTOMATICAMENTE UMA
COLHEITA ABUNDANTE DE BÊNÇÃOS PRECIOSAS

uma fé inabalável e confiança, que é o estado de espírito da solução; esse é o espírito de Deus se movendo dentro de mim. Esse Espírito é Onipotente; está se manifestando; todo o meu ser se rejubila com a solução; eu estou feliz. Vivo com esse sentimento e sou grata.

Eu sei que Deus tem a resposta. Para Deus tudo é possível. Deus é o Espírito Vivo Todo-Poderoso dentro de mim; Ele é a fonte de toda sabedoria e iluminação.

O indicador da Presença de Deus dentro de mim é uma sensação de paz e estabilidade. Agora não há mais nenhuma tensão e luta; eu confio no Poder de Deus implícito. Sei que toda a Sabedoria e o Poder de que preciso para ter uma vida gloriosa e bem-sucedida está dentro de mim. Relaxo todo o meu corpo; tenho fé na Sabedoria Divina; eu me liberto. Afirmo e sinto a paz de Deus inundando minha mente, meu coração e todo o meu ser. Sei que a mente quieta tem seus problemas resolvidos. Agora entrego o pedido para a Presença Divina, sabendo que Deus tem uma resposta. Eu estou em paz.

Pontos importantes a lembrar neste capítulo

1. Emerson disse: "Confie em si mesmo; todos os corações vibram nessa corda de ferro. A fidedignidade absoluta reside no coração de cada um." Saber que Deus habita em você, anda e fala em você e responde a seus pensamentos, lhe dá confiança e fé em que Ele nunca falha.

2. Você aumenta sua autoconfiança sabendo que o Poder de Deus em você tudo pode. Não há nada que possa se opor à onipotên-

cia, desafiá-la, e quando seus pensamentos são os pensamentos de Deus, o poder de Deus está com seus pensamentos no bem. Conscientize-se de que Deus o ama e cuida de você, e então toda a sensação de insegurança e medo desaparecerá.

3. Quando você for demitido de um emprego, não fique deprimido ou com raiva, mas perceba que a Presença de Deus dentro de si mesmo lhe abrirá uma nova porta de expressão na Ordem Divina, e você experimentará a alegria da prece atendida.

4. Deposite sua confiança em Deus, a Fonte de todas as bênçãos. Quando você o invoca, a resposta vem. Afirme: "A riqueza de Deus está circulando em minha vida e Deus está me guiando." Se você estiver ressentido com outra pessoa, libere-a, desejando-lhe todas as bênçãos da vida. Quando você enche sua mente e seu coração do Amor Divino, toda a amargura e o ressentimento se dissipam e o bem flui para você.

5. Pratique transmitir ideias de prosperidade, sucesso e riqueza para seu subconsciente antes de dormir. Quando você tornar isso um hábito, estabelecerá padrões de riqueza e sucesso em sua vida, e sendo os poderes de seu subconsciente compulsivos, você se verá sendo compelido a expressar as riquezas de Deus em todos os sentidos. Você descobrirá que forças invisíveis se apressam a lhe trazer seu bem eterno.

6. Aprove a si mesmo. Você é um filho do Infinito e herdeiro de todas as riquezas da vida. Seu Eu é Deus. Honre e exalte a Presença Divina dentro de você. Saiba, acredite e pratique alinhar-se mentalmente com a Presença Divina dentro de si mesmo, sabendo que Deus lhe responderá e cuidará de você em todos os dias da sua vida. Você experimentará riquezas e paz neste mundo mutante.

COMO OBTER AUTOMATICAMENTE UMA
COLHEITA ABUNDANTE DE BÊNÇÃOS PRECIOSAS

7. Toda a inferioridade desaparece quando você contempla que Deus é seu Pai, o ama e cuida de você. Sempre que você tender a se diminuir ou denegrir, afirme: "Eu exalto Deus em mim." Quando você torna isso um hábito, todo sentimento de autorrejeição e inferioridade desaparece. Praticando essa técnica, Deus fluirá através de você enchendo todos os cestos vazios em sua vida.

8. Quando você elogia as qualidades, os poderes, os talentos e as habilidades dos outros, eles correspondem à altura e você descobre que realmente são capazes de despertar os dons de Deus dentro de si mesmos. O elogio tem um poder milagroso. Pratique-o.

9. Se você for casado, pode transmitir as riquezas do elogio silencioso para sua esposa, e vice-versa. Não há tempo ou espaço na mente, e quando você afirmar com sinceridade e conhecimento que seu parceiro é um tremendo sucesso, Divinamente guiado, Divinamente expressado e Divinamente próspero de todos os modos, suas crenças serão transmitidas subconscientemente para seu parceiro, que corresponderá à sua convicção em relação a ele ou ela. O que você declara acontece. Paulo diz: "Por este motivo, te lembro que despertes o dom de Deus, que existe em ti pela imposição das minhas mãos."

10. Use a meditação no fim do capítulo para obter a paz e o sossego da autoconfiança.

CAPÍTULO 17
Como invocar a Presença Curadora para trazer as riquezas que você deseja

Há um Poder Curativo Universal. Ele é onipotente; é o solo, o gato, o cão e a árvore. É chamado de muitos nomes, como Presença Curadora Infinita, Deus, Alá, a Única Alma, Providência Divina, Natureza, Vida e o Princípio da Vida, assim como de muitos outros. A consciência da Presença Curadora Infinita é perdida na noite do tempo pela pessoa comum. Em templos antigos estavam escritas estas palavras: "O médico veste a ferida e Deus cura o paciente."

Esse maravilhoso poder curativo reside em seu subconsciente, que é o marcador de seu corpo. Esse poder cura uma condição financeira ruim, um lar desfeito, um corpo devastado pela doença, uma discórdia conjugal e todos os tipos de dor emocional e problemas. Você deve se lembrar de como, quando era jovem, essa presença curou suas queimaduras, seus cortes, seus hematomas, suas contusões e suas luxações; e provavelmente, em sua juventude, assim como este autor, você não ajudou de modo algum no processo curativo aplicando medicamentos tópicos como mercurocromo, bálsamos, tintura de iodo, e assim por diante.

Como uma mãe usou as riquezas da Presença Curadora

Uma jovem que trabalhava em uma loja de departamentos e se sustentava sozinha ficou noiva de um ótimo rapaz, mas ele era de uma religião diferente. A mãe dela, muito dominadora e possessiva, tentou de todos os modos possíveis acabar com o romance, chegando a ponto de insultar abertamente o jovem, chamando-o de um "estrangeiro", um pagão e inadequado para sua filha. Na verdade, estava tentando forçar a filha a tomar outra decisão, contra o melhor julgamento da filha.

Essa jovem se ressentiu profundamente da interferência e obstinação da mãe, mas reprimiu a hostilidade e o ressentimento. Ela acabou sofrendo um colapso nervoso e ficou internada em um hospital durante algumas semanas. Deram-lhe tranquilizantes, mas quando o efeito das drogas passava a infecção psíquica de hostilidade e raiva reprimida permanecia.

Visitando-a no hospital, eu lhe expliquei que ela era uma adulta e deveria tomar a própria decisão e se recusar a ser influenciada por alguém; que o amor não conhece credo, raça ou etnia, porque transcende tudo isso. Eu lhe disse: "No minuto em que você tomar uma decisão e se casar com o homem de seus sonhos, a quem ama, a cura virá." Eu sugeri ao jovem que a visitasse, o que ele fez. Eles concordaram em se casar independentemente do que a mãe dela dizia.

Eu realizei a cerimônia, e agora ela tem um notável senso de liberdade e paz de espírito. Depois da cerimônia, telefonou para a mãe e lhe disse que havia se casado e estava a caminho da Europa. A mãe ficou furiosa, mas a filha disse: "Mãe, eu entreguei você para Deus. Você não manda mais em mim e também não manipula mais minha mente. Adeus, e Deus a abençoe. Daqui em diante, eu buscarei orientação com o Altíssimo e a sabedoria e o amor de Deus me conduzirão por caminhos aprazíveis e de paz."

Recentemente recebi um cartão dessa jovem, que agora está morando na Argentina. Seu marido herdou um vasto rancho e eles estão imensamente felizes e experimentando as riquezas da vida.

COMO INVOCAR A PRESENÇA CURADORA
PARA TRAZER AS RIQUEZAS QUE VOCÊ DESEJA

Mais tarde a mãe buscou aconselhamento comigo e desenvolveu um relacionamento maravilhoso com a filha. O amor rende fabulosos dividendos.

Como usar o poder curador da liberdade

Uma mulher me consultou, dizendo que estava terrivelmente preocupada com o filho; que ele e a esposa estavam brigando e os filhos não eram criados de maneira apropriada. Eu lhe perguntei quantos anos o filho tinha, e ela respondeu 55. Também estava preocupada com as companhias do filho, porque ele frequentava bares.

Eu lhe expliquei que ela nunca deveria interferir nos problemas conjugais do filho e deveria parar imediatamente de pensar que ele deveria fazer o que ela queria, ou agir como ela achava que deveria fazer o que ela queria, ou agir como ela achava que deveria, ou acreditar no que ela achava que deveria. Sugeri-lhe que o libertasse e pusesse a própria mente em ordem e em paz. Eu lhe escrevi esta oração:

Eu entrego totalmente meu filho, a esposa e a família dele a Deus. Eu o solto e deixo ir. Eu lhe dou liberdade para conduzir a própria vida como quiser, sabendo que ele é um homem de Deus e que Deus o ama e cuida dele e de sua família. Eu o solto e liberto espiritualmente, mentalmente e emocionalmente. Sempre que eu pensar em meu filho, na esposa ou na família dele, imediatamente afirmarei: "Eu o soltei. Deus esteja com você. Agora estou livre e você também está." Isso é Deus agindo em minha vida, o que significa harmonia, paz e ação certa.

Ela fez essa oração-terapia fielmente e encontrou um sentimento interior de paz e tranquilidade até então desconhecido. Descobriu

O PODER MILAGROSO PARA ALCANÇAR RIQUEZAS INFINITAS

uma simples verdade: quando nós libertamos os outros e os submetemos à orientação e direção Divina, também nos libertamos.

Exalte a Divindade em seus entes queridos e amigos e lhes permita descobrir a Divindade neles. Nunca tente submetê-los à sua vontade ou às suas crenças e opiniões preconcebidas. Deixe o outro ser bem-sucedido ou fracassar, e se fracassar esse pode ser o momento decisivo na vida dele, em que descobre bem no fundo de si mesmo o poder que nunca falha — o Infinito que o aguarda em sorridente repouso. Desse modo, você descobrirá as riquezas da liberdade.

Como um empresário descobriu as riquezas da rendição

Um empresário desesperado e emocionalmente abalado me consultou, dizendo que queria uma oração para ter a esposa de volta. Ela havia decidido se divorciar dele. Eles estiveram casados por vinte anos. Ele disse que uma noite havia voltado para casa e encontrado um bilhete dizendo que ela estava indo embora para obter um divórcio. A esposa não havia lhe dado mais nenhuma explicação e ele não fazia ideia de para onde ela teria ido. Esse homem, pelo que parece, queria coagir mentalmente a esposa a voltar para ele.

Eu lhe expliquei que sempre era errado tentar forçar, coagir mentalmente ou influenciar de algum modo outra pessoa a fazer o que queremos, que ele não deveria querer uma mulher que não o quer. Deveria dar a ela o direito de tomar as próprias decisões, e o que é orientação Divina para um é a orientação para o outro. Dizer que ela subitamente o deixou sem motivo algum simplesmente não é verdade. Durante um longo tempo ela deve ter pensado em fugir e imaginado a vida em outro lugar. Finalmente, a imagem mental dela se tornou subjetificada, e sendo a natureza de seu subconsciente compulsiva, isso a levou a fazer as malas e partir. Mas ela havia partido mentalmente há muito tempo.

De acordo com isso, eu lhe dei um padrão de oração a seguir:

Eu entrego minha esposa totalmente a Deus. Sei que a Inteligência Infinita a conduz e guia de todos os modos. A ação correta divina reina suprema. Sei que o que é a ação certa para ela também é a ação certa para mim. Eu lhe dou total liberdade, porque sei que o amor liberta, concede, é o espírito de Deus. Há harmonia, paz e compreensão entre nós. Eu lhe desejo todas as bênçãos da vida. Eu a solto e a deixo ir.

Falando com esse homem, descobri que ele era muito ciumento, possessivo e dominador, restringindo as atividades da esposa apenas à casa. Ela se ressentia dessa dominação e decidiu partir, e sem dúvida há algum tempo estava mentalmente em outro lugar. Quando seu corpo está em um lugar e sua imaginação e sua mente estão em outro, você acaba sendo compelido a ir para onde sua visão está. Se uma esposa está com raiva, reprimida e ressentida, o resultado pode ser o envolvimento com outra pessoa, ou isso pode se transformar em doença e todos os tipos de aberração mental. Amor não é possessividade. Amor não é ciúme. Amor não é dominador ou coercivo. Quando você ama alguém, quer ver a pessoa feliz, alegre e livre. Amor é liberdade.

Esse homem ouviu atentamente. Entender tudo é perdoar tudo. Ele fez a terapia da oração e, um mês depois, a esposa lhe escreveu do México, onde dera entrada no divórcio. Mais tarde ela se casou com um homem da América do Sul e aparentemente é muito feliz.

O PODER MILAGROSO PARA ALCANÇAR RIQUEZAS INFINITAS

Ela lhe escreveu uma carta muito gentil e lhe disse por que havia ido embora, o que coincidiu com o que está escrito aqui.

A Inteligência Infinita é onisciente, e quando você reza por orientação e ação certa, não dá ordens ao Infinito. Esse homem estava em paz em relação a tudo aquilo, rezou por uma companhia divina e acabou se casando com uma jovem que conheceu em uma de minhas palestras. Eles combinam e se harmonizam perfeitamente. Ele é um homem diferente. Lidou com o problema de maneira correta e a lei do amor lhe deu paz, tranquilidade e uma esposa maravilhosa. O amor está cumprindo a lei da saúde, felicidade e paz de espírito.

Como uma enfermeira recebeu US$250 mil através das riquezas da Presença Curadora

No avião para a Cidade do México, uma enfermeira licenciada se sentou perto de mim e começamos a conversar. Ela era de Nova York, e me disse que havia sido convidada a dar aulas em um dos hospitais do México. Ela era casada havia cinco anos quando um dia seu marido lhe pediu o divórcio, dizendo que estava apaixonado por outra mulher. Ela me disse: "Eu disse para meu marido que ele era livre como o vento e queria que ele fosse feliz. Frequento uma igreja metafísica em Nova York e sei que o amor sempre liberta. Meu marido ficou surpreso por eu não estar zangada ou amarga, e eu expliquei a ele que o amor nunca é possessivo, o amor quer que o outro seja feliz. E disse: "Libertando você, eu me liberto."

Ele conseguiu o divórcio e se casou com a outra mulher. Contudo, dali a um ano, ela morreu. Um ano depois ele morreu de um ataque cardíaco. Deixou a propriedade, no valor de US$250 mil, para a enfermeira. Ela o libertou e lhe desejou todas as

214

COMO INVOCAR A PRESENÇA CURADORA
PARA TRAZER AS RIQUEZAS QUE VOCÊ DESEJA

bênçãos da vida, e seu amor e sua boa vontade voltaram para ela multiplicados por mil.

Como um executivo júnior obteve promoções

Conversando com um executivo júnior em San Diego, onde eu daria algumas palestras, ele me contou que durante quatro anos consecutivos não fora promovido, mas outros executivos foram, e achava isso injusto. Conversando com ele, descobri que realmente esperava não ser e, como Jó, *O que eu receava me aconteceu* (Jó 3:25).

Esse executivo aprendeu que a promoção e o rebaixamento ocorrem na própria mente e, na verdade, ele dá tudo para si mesmo. Seus superiores são um testemunho disso. A crença do homem sempre é manifestada, esteja ele conscientemente pensando nisso ou não.

À minha sugestão, ele mudou de atitude mental e começou a afirmar regular e sistematicamente: "A promoção é minha, o sucesso é meu, a riqueza é minha, a ação certa é minha." Continuando a afirmar essas verdades, ativou os poderes latentes de seu subconsciente, e como a lei do subconsciente é compulsiva, no fim de três meses se tornou diretor executivo, e sua renda duplicou. Ele foi curado de uma falsa crença e, em seu telefonema para mim, disse: "É verdade. Eu me promovi."

Como as riquezas da Presença Curadora beneficiaram todos em um escritório

Em San Diego, no Royal Inn Hotel, com vista para o bonito porto cheio de navios de muitas nações estrangeiras, reservei um dia para entrevistas. Uma das mais interessantes foi uma visita de uma jovem talentosa que estava trabalhando em um escritório com outras vinte moças, a maioria das quais era muito crítica em relação à administração, e estava terrivelmente insatisfeita e decepcionada. Os intervalos para café consistiam principalmente em conversas negativas sobre os respectivos maridos, as dificuldades e o baixo salário que recebiam. Ela me disse que gostava do trabalho, que estava satisfeita com o salário e que o chefe era muito gentil, sincero e compreensivo, mas ela era constantemente bombardeada pelos pensamentos negativos ao redor, e no fim do dia se sentia deprimida e desanimada.

À minha sugestão, ela anotou os nomes das vinte moças, e pela manhã e à noite rezava por elas:

Todas essas moças são conhecidas na Mente Divina. Elas estão em seu verdadeiro lugar, fazendo o que amam fazer, Divinamente felizes e prósperas. Deus pensa, fala e age por meio delas. Elas estão conscientes de seu verdadeiro valor e experimentam riquezas espirituais, mentais e materiais agora. Eu as deixo ir, e quando ouço alguma afirmação negativa de qualquer uma delas, imediatamente afirmo: "Deus a ama e cuida de você."

Umas três semanas depois, muitas das moças tinham se demitido para ocupar cargos maiores, algumas se casaram e outras foram transferidas para cargos com salários melhores, uma se casou com o vice-presidente e a moça a quem aconselhei se casou com o jovem presidente da empresa. Todas elas foram abençoadas, e a nova equipe do escritório era formada por pensadores construtivos e estudiosos da Ciência da Mente. Ela descobriu que abençoando os outros não só contribuiu para o bem deles, como isso também voltou para ela confirmado, transformado e transbordante.

COMO INVOCAR A PRESENÇA CURADORA
PARA TRAZER AS RIQUEZAS QUE VOCÊ DESEJA

Como os pais descobriram as riquezas de libertar a filha para uma nova vida normal

Os pais de uma moça me visitaram no Royal Inn, em San Diego. Eles estavam extenuados e emocionalmente abalados por causa da filha, que de repente abandonou a universidade no Leste do país e foi para o Havaí com alguns jovens que eles chamavam de "hippies". A filha lhes escreveu da ilha de Maui e disse que estava dormindo na praia com outras pessoas e gostava daquela vida. Pediu que eles lhe enviassem dinheiro para o correio local, posta-restante. Os pais ficaram indignados, com muita raiva, e o pai disse: "Eu não vou dar um centavo a ela."

Minha sugestão para eles foi a seguinte: ela tem 21 anos, é adulta e precisa viver a própria vida sem os ditames dos pais. Eu também disse que é moral, etica e espiritualmente errado contribuir para a delinquência, a preguiça, a apatia e a indolência de outra pessoa, pois assim ela se tornará acomodada e mimada. Além disso, ajudar financeiramente de maneira frequente e fácil demais rouba do outro a autopropulsão, o incentivo e a iniciativa.

Eles concordaram em libertar a filha totalmente, sabendo que a Presença Curadora Infinita cuidaria dela do modo certo se eles usassem corretamente a lei da mente.

A técnica de terapia da oração que eu lhes apresentei foi a seguinte:

Eu entrego minha filha totalmente a Deus. Ela é uma filha de Deus, e Deus a ama e cuida dela. Deus a está guiando, e a Lei e Ordem Divinas governam-lhe toda a vida. Sempre que pensamos nela, imediatamente afirmamos: "Deus a está protegendo e cuida de você."

Seis semanas se passaram sem que eles tivessem qualquer notícia da filha, mas não lhe enviaram nenhum dinheiro. Rezaram de manhã e à noite por ela, como descrito neste capítulo. Na sétima semana receberam uma carta da filha dizendo que ela estava trabalhando como garçonete à noite em um hotel, havia se matriculado na Universidade do Havaí e pretendia se formar. Ela se desculpou por ter abandonado a universidade no Leste e pela rebeldia, e pediu perdão.

Os pais me telefonaram para dizer que estavam indo para o Havaí vê-la, e houve uma alegre reunião. Eles descobriram as riquezas de entregar a filha aos cuidados do Infinito, que tudo sabe e tudo vê. Seus caminhos são aprazíveis e de paz.

Meditação para aplicar o Princípio Curador

"Te restaurarei a saúde, e te curarei as tuas chagas, diz o Senhor." O Deus em mim tem possibilidades ilimitadas. Eu sei que tudo é possível para Deus. Acredito nisso e o aceito totalmente agora. Sei que o Poder de Deus em mim torna a escuridão luz e conserta as coisas erradas. Agora elevo minha consciência contemplando o Deus que habita em mim.

Agora falo a palavra para a cura da mente, do corpo e das coisas; sei que esse Princípio dentro de mim responde à minha fé e confiança.

"O Pai, que está em mim, é quem faz as obras." Agora estou em contato com a vida, o amor e a beleza dentro de mim. Agora me alinho com o Princípio Infinito do Amor e da Vida dentro de mim. Sei que harmonia, saúde e paz estão se manifestando em meu corpo.

Como eu vivo, me movo e ajo pressupondo que minha saúde é perfeita, isso se torna real. Agora imagino e sinto

COMO INVOCAR A PRESENÇA CURADORA
PARA TRAZER AS RIQUEZAS QUE VOCÊ DESEJA

a realidade do meu corpo perfeito. Estou cheio de uma sensação de paz e bem-estar. Obrigado, Pai.

Pontos importantes a lembrar neste capítulo

1. A Presença Curativa Infinita está em toda parte. Essa Presença cura um corte no dedo, reduz o edema em uma queimadura e restaura a condição normal da pele. Também cura problemas conjugais e financeiros. É a solução para todos os problemas.

2. Os pais nunca deveriam interferir na escolha de um cônjuge por parte dos filhos. Os filhos deveriam ser livres para tomar suas decisões, e os pais deveriam simplesmente entregá-los a Deus, sabendo que a Inteligência Infinita os guia e conduz e que a ação certeira Divina prevalece.

3. É tolice insistir para que os filhos casados sigam seu modo de pensar e agir e suas crenças. Entregue seu filho para Deus, desejando-lhe todas as bênçãos da vida. Liberte-o e o deixe ir. Onde não há nenhuma opinião, não há nenhum sofrimento. Sempre que você pensar em um ente querido, afirme: "Eu o libertei. Deus esteja com você." Quando fizer isso, você se libertará.

4. Se sua esposa faz as malas e o deixa, essa é uma decisão dela. É errado um marido tentar coagir mentalmente ou forçar a esposa a voltar. Ele deve usar a lei espiritual para perceber que a Inteligência Infinita a está guiando e conduzindo de todos os modos, e saber que a orientação para ela também é a orientação para ele e todos no mundo. Dê-lhe a liberdade Divina, sabendo que a ação certeira Divina prevalece; então, seja o que for que aconteça, abençoe a todos. Amor não é possessividade. Amor liberta, concede, é o espírito de Deus.

5. O amor sempre liberta. O amor não é possessividade. Quando você ama uma pessoa, seja na condição de esposa, seja na condição de marido, ama vê-la feliz, alegre e livre. Ama ver o outro como ele deve ser. Se seu cônjuge se apaixonar loucamente por outra pessoa, liberte-o e lhe deseje todas as bênçãos da vida. O amor liberta.

6. Você descobrirá que quando não há esperança de ser promovido ou progredir seu subconsciente aceitará sua crença como um pedido e providenciará para que se realize. Você se promove, porque lhe será feito segundo sua fé. A promoção ocorre em sua mente. Afirme regularmente: "A promoção é minha, o sucesso é meu, a riqueza é minha, a ação correta é minha." Durma com essas verdades e seu subconsciente reagirá, instando-o a se elevar cada vez mais e prosperar em todos os sentidos.

7. Quando os outros falarem coisas negativas no escritório, e sobre dores, sofrimentos e problemas, entregue-os a Deus, sabendo que Deus pensa, fala e age por meio deles, e que eles são Divinamente conduzidos para sua real expressão na vida. Em outras palavras, irradie-lhes amor, paz e boa vontade e verá as maravilhas de sua prece atendida. Eles serão abençoados e você também. Você descobrirá que exaltar Deus nos outro também traz inúmeras bênçãos para si mesmo.

8. Quando sua filha chegar à maioridade, liberte-a e a deixe ir. Afirme que Deus a está guiando e ela está aos cuidados Dele. Se você permanecer fiel a essa oração, sua filha a captará subjetivamente e será Divinamente levada a fazer a coisa certa. Seja paciente, confie na Inteligência Infinita dentro de você e não discuta em sua mente. A Inteligência Infinita tudo sabe e tudo vê. Tudo que lhe é pedido é para acreditar, e lhe será feito segundo sua fé.

9. Use a meditação no fim do capítulo para obter os surpreendentes benefícios da Presença Curativa em seu dia a dia.

CAPÍTULO 18
Como usar a magia da mente para fazer as riquezas fluírem

lgumas semanas atrás, fui a uma convenção religiosa em Airlie, perto de Washington, D.C., onde falei sobre o tema "A lei que nunca muda". Durante os cinco dias em que estive lá, tive uma longa conversa com um homem muito bem-sucedido e imensamente rico, o qual me disse que o segredo de sua saúde, sua riqueza e seu notável sucesso era desenvolver o que ele chamava de "mente quieta".

Ele tinha um cartão no bolso em que estavam inscritas as seguintes grandes verdades: *O homem superior está sempre quieto e calmo* (Confúcio). *No sossego e na confiança estaria a vossa força, mas não quisestes* (Isaías 30:15). *Melhor é o que tarda em irar-se do que o poderoso, e o que controla o ânimo do que aquele que toma uma cidade* (Provérbios 16:32). *O Senhor teu Deus te há de abençoar em toda a tua colheita e em todo o trabalho das tuas mãos; por isso certamente te alegrarás* (Deuteronômio 16:15). *Se o Senhor não for o construtor da casa, será inútil trabalhar na construção* (Salmos 127:1).

Todas essas afirmações salientam que a força, o sucesso, o poder e as riquezas provêm de serenidade, paz interior, quietude, e confiança nas leis da vida e na resposta da mente subconsciente.

Como o homem rico usava essas verdades

Esse homem disse que todas as manhãs da vida dele ancorava a mente nas verdades supramencionadas, repetindo-as de maneira lenta, quieta e amorosa, sabendo que ao serem impressas em sua mente subconsciente ele seria compelido a expressar sucesso, saúde, vitalidade e novas ideias criativas. Ele fundou quatro grandes corporações e é consultor de muitos executivos em diferentes campos. Ele viaja por todo o mundo.

Ele me disse, ao me presentear com um de seus cartões de meditação, que os distribui gratuitamente, que trinta anos antes havia conhecido um homem em um navio com destino à Europa. O homem lhe explicou que se ele usasse certas palavras construtivas da Bíblia — palavras que representam as verdades eternas de Deus e a Lei Divina — sua mente seria ancorada na Presença Suprema, que responde quando você a chama.

A chave para a riqueza era ele saber que meditando sobre as frases bíblicas mencionadas regular, sistemática e repetidamente, ativava o poder latente em suas profundezas subliminares que o compelia a ir para a frente, para cima e na direção de Deus.

Um homem de negócios descobre as riquezas do silêncio

Carlyle disse: "O silêncio é o elemento em que as grandes coisas se adaptam umas às outras." Emerson disse: "Fiquemos em silêncio para que possamos ouvir o sussurro dos deuses."

Um proeminente empresário me disse que atribui todas as suas boas decisões de negócios a períodos silenciosos de quinze minutos todas as manhãs. Ele tira sua atenção e consciência sensorial do mundo externo, aquieta o corpo, fecha os olhos e contempla a grande verdade de que a Inteligência Infinita está dentro de si

COMO USAR A MAGIA DA MENTE
PARA FAZER AS RIQUEZAS FLUÍREM

mesmo. Silenciosamente, afirma que Deus o está guiando; que ideias novas e criativas lhe são dadas; que a Presença Divina governará as conferências do dia; que Deus pensa, fala e age por meio dele; que as palavras certas lhe são dadas pela Sabedoria Suprema dentro de si mesmo; e que todas as decisões para sua empresa são baseadas na ação certeira, abençoando todos.

Então ele passa cerca de cinco minutos no que chama de meditação transcendental, simplesmente imaginando o rio de paz de Deus fluindo através de todo o seu ser. Com frequência, enquanto está nesse período silencioso, soluções para grandes problemas pessoais e comerciais surgem-lhe na mente — problemas com os quais ele e outros sócios se debatiam há dias.

Como obter as respostas

Ele afirma ter descoberto que o modo mais rápido do mundo de obter uma resposta para um problema é entregar seu pedido para aquele centro de quietude, sabendo que a resposta emergirá. Muitas vezes a resposta vem em uma hora, embora possa vir alguns dias ou talvez uma semana depois, mas sempre vem quando ele está preocupado com outra coisa. Aparentemente sua mente subconsciente reúne todo o material necessário e então, no momento certo, apresenta-o para sua mente consciente, racional. Algumas ideias que são ressuscitadas valem uma pequena fortuna. Uma das ideias recentes que emergiu desse período de quietude valia mais de US$200 mil.

Como uma mulher recebeu uma resposta maravilhosa sobre um possível casamento no período de quietude

Todos os domingos nós começamos com um período de quietude, um silêncio dirigido em que todos são instruídos a entregar os

O PODER MILAGROSO PARA ALCANÇAR RIQUEZAS INFINITAS

problemas ao Eu Superior, que sabe a resposta, e também a contemplar a resposta, a solução e as ideias criativas que surgem das profundezas subjetivas de cada um. Eu saliento que há respostas criativas nas mentes subconscientes que poderiam revolucionar suas vidas.

No último domingo, uma mulher me disse: "De repente, vi com o olho de minha mente uma cena do homem com quem estava prestes a me casar. Ele estava com a esposa e os dois filhos. Intuitivamente, soube que era a esposa dele. Eu havia estado em dúvida e hesitando quanto ao casamento. Obtive minha resposta, e quando mais tarde lhe falei sobre o que eu havia experimentado no silêncio do Wilshire Ebell Theatre, ele admitiu que não era divorciado e iria se casar comigo apenas pelo meu dinheiro."

Eles se separaram em paz. Ela lhe deu um livro, *Segredos do I Ching*, escrito por mim, que subsequentemente ele lhe disse ter mudado sua vida inteira.

Como uma mente tranquila dissolveu a crítica destrutiva

Uma jovem responsável por um grande departamento que empregava muitas moças disse-me que ela estava sujeita a muitas críticas e calúnias, mas encarava tudo isso filosoficamente seguindo a prescrição da Bíblia: *Se permanecer calado, quem poderá condená-lo?* (Jó 34:29). Ela disse: "Eu me ligo à Presença de Deus dentro de mim, sabendo que ninguém pode me machucar, porque 'alguém com Deus é maioria'. Além disso, percebo que se uma moça tem inveja e fala mal de mim, não pode me machucar porque sei que as afirmações e os pensamentos negativos dos outros não têm nenhum poder de criar as coisas que surgem, e me recuso a transferir o poder dentro de mim para outros. Meu pensamento é criativo.

COMO USAR A MAGIA DA MENTE
PARA FAZER AS RIQUEZAS FLUÍREM

Meus pensamentos são pensamentos de Deus, e o poder de Deus está com meus pensamentos no bem."

Ela é uma jovem sábia. Sabe que não importa quais mentiras espalhem a seu respeito, eles não podem machucá-la, a menos que ela aceite o pensamento mentalmente. Quando os outros falam mal de você, isso não resulta em mal. Seu pensamento é criativo. Você é o dono de sua mente e deveria se recusar a deixar que o perturbem ou manipulem sua mente.

Há um velho provérbio alemão que diz: "A mentira tem pernas curtas."

Sua filosofia é simples a ponto de ela dizer que se alguma moça apontar um dedo crítico para ela, os outros três dedos apontarão para si mesma. Simples assim.

As riquezas da mente quieta induzem o sono de quem sofre de insônia crônica

Eu apresentei a seguinte fórmula para uma empresária que disse ter de tomar dois comprimidos para dormir todas as noites, porque se sentia muito tensa e agitada:

Na cama, converse com seu corpo da seguinte maneira: meus dedos estão relaxados, meus tornozelos estão relaxados, meus pés estão relaxados, minhas pernas estão relaxadas, meus músculos abdominais estão relaxados, meu coração e meus pulmões estão relaxados, minhas mãos e meus braços estão relaxados, meus ombros estão relaxados, meu pescoço está relaxado, meu cérebro está relaxado, meus músculos faciais estão relaxados. Agora sinto o rio de paz de Deus fluindo através de mim, permeando cada átomo do meu ser. Eu durmo em paz e acordo alegre.

O PODER MILAGROSO PARA ALCANÇAR RIQUEZAS INFINITAS

Ela repetiu essas simples verdades todas as noites, sabendo que seu corpo era sujeito a seus pensamentos, e depois de cerca de uma semana praticando não teve mais nenhum problema. Ela descobriu o significado destas grandes verdades: *Sujeite-se a Deus, fique em paz com Ele, e a prosperidade virá a você* (Jó 22:21). *Lancem sobre Ele toda a sua ansiedade, porque Ele tem cuidado de vocês* (I Pedro 5:7).

Como um executivo tenso e ansioso descobriu as riquezas das passagens curadoras da Bíblia

Recentemente eu conversei com um executivo, que me disse: "Meu problema é extrema tensão e ansiedade relacionadas com todas as decisões que tenho de tomar." De acordo com isso, eu lhe dei o que chamo de uma prescrição espiritual que lhe traria paz para sua mente perturbada. Disse-lhe que quando usasse as verdades espirituais a seguir, afirmando-as silenciosa, sincera e conscientemente, sua tensão diminuiria aos poucos:

Tu guardarás em perfeita paz aquele cujo propósito está firme, porque em ti confia (Isaías 26:3). *No sossego e na confiança estaria a vossa força* (Isaías 30:15). *O meu Deus há de prover magnificamente todas as vossas necessidades, segundo Sua glória* (Filipenses 4:19). *Sujeite-se a Deus, fique em paz com Ele, e a prosperidade virá a você* (Jó 22:21). *Lancem sobre Ele toda a sua ansiedade, porque Ele tem cuidado de vocês* (I Pedro 5:7). *Se permanecer calado, quem poderá condená-lo?* (Jó 34:29).

Esse executivo afirmou essas passagens terapêuticas curativas da Bíblia várias vezes por dia, dedicando cinco ou dez minutos a cada sessão silenciosa, e encontrou autocontrole, paz, serenidade e controle mental. Ele descobriu que a paz é o poder no coração de Deus.

COMO USAR A MAGIA DA MENTE
PARA FAZER AS RIQUEZAS FLUÍREM

Um vendedor descobre o segredo do aumento de vendas nas riquezas de uma mente quieta

Marco Aurélio, o sábio imperador romano, disse: "A vida de um homem é tingida pela cor de sua imaginação." Um dia desses, conversando com um vendedor, fiquei sabendo que ele estava muito apreensivo e preocupado com o que chamou de uma "carta maluca" de seu gerente de vendas, criticando-o por suas baixas vendas.

Eu lhe sugeri que lesse o Salmo 23 pela manhã e à noite, e isso aquietaria sua mente. Disse-lhe que essa faculdade de usar a imaginação construtivamente mudaria sua vida. A imaginação é a arte de projetar imagens, a disciplina de imagens mentais.

O vendedor reverteu sua imagem mental de baixas vendas e fracasso. Pela manhã e à noite, por cinco ou dez minutos, depois de ler em voz alta o Salmo 23, ele imaginou o gerente de vendas olhando-o de frente, parabenizando-o pelas excelentes vendas. Ele sentiu a naturalidade do aperto de mão. Ouviu nitidamente a voz, viu o sorriso e ouviu o gerente de vendas dizer várias vezes: "Parabéns por seu esplêndido desempenho. Você está sendo promovido a um escalão mais alto na empresa." Todas as noites ele adormeceu vendo esse filme mental.

O homem viu suas vendas melhorarem. Além disso, fez um curso de oratória e três meses depois foi promovido a gerente distrital, recebendo um maravilhoso aumento salarial e comissões. Estava indo rumo ao topo. Repetindo esse filme mental pela manhã e à noite de modo calmo, passivo e receptivo, ele implantou a ideia de promoção e progresso em sua mente subconsciente, e a última abriu o caminho para a manifestação perfeita da impressão que deixara em sua mente mais profunda.

Como as riquezas da compreensão silenciosa curaram um colapso nervoso

Certo dia, um homem de São Francisco pegou um voo para me ver. Ele estava extremamente tenso. Seu médico havia diagnosticado sua condição como neurose de ansiedade, outro nome para preocupação crônica e tensão excessiva. Esse homem era gerente de vendas de uma grande empresa e muito bem-sucedido financeiramente. O presidente e o vice-presidente da corporação o apreciavam muito.

Conversando com ele, descobri a raiz ou verdadeira causa do problema. Um ex-colega de turma era gerente de vendas de uma empresa rival, mas havia sido promovido a presidente. Ele admitiu que o invejava. Estava competindo mentalmente com o ex-colega. Disse: "Sabe, aquele sujeito se saía melhor do que eu em tudo na escola e na universidade; até me roubou a namorada que eu amava e se casou com ela."

Eu expliquei a ele que a única verdadeira competição que havia na vida era a que existia na mente dele entre a ideia de sucesso e a ideia de fracasso, e que ele havia nascido para vencer, não fracassar; porque o Infinito nunca falha. Por isso, tudo que ele tinha de fazer era concentrar a atenção no sucesso e todos os poderes de seu subconsciente o apoiariam e compeliriam a ser bem-sucedido, porque a lei do subconsciente é compulsiva.

Ele começou a ver que o passado está morto e nada importa além deste momento. Quando mudasse seus pensamentos e os mantivesse assim, seu mundo magicamente seria à imagem e semelhança de sua contemplação.

Também lhe expliquei que ao manter pensamentos de inveja, ele na verdade estava se empobrecendo, e que essa era uma das

COMO USAR A MAGIA DA MENTE PARA FAZER AS RIQUEZAS FLUÍREM

piores atitudes, porque seu pensamento negativo e sentimento de inferioridade, somados à inveja e ao ciúme, estavam destruindo sua vida emocional e mental e tenderiam a bloquear sua expansão.

O remédio simples

O remédio era muito simples. Ele decidiu abençoar e desejar com sinceridade por mais prosperidade e desejar sucesso para seu ex-colega de classe, cuja posição aparentemente melhor que a dele lhe despertara inveja. De acordo com isso, rezou com frequência: "Eu reconheço Deus como minha fonte imediata e eterna. A promoção é minha na Ordem Divina. O sucesso é meu na Ordem Divina. A riqueza de Deus flui para mim em avalanches de abundância, e sou Divinamente guiado para oferecer um serviço melhor a cada dia. Eu sei e acredito que Deus está tornando meu ex-colega de turma mais próspero, me alegro com isso e sinceramente lhe desejo todas as bênçãos da vida. Sempre que eu pensar nele, imediatamente afirmarei: 'Deus multiplica seu bem.'"

Algumas semanas depois, ele descobriu que os pensamentos de inveja perderam todo o ímpeto, e viu que toda a causa de sua ansiedade e tensão excessiva fora seu estado mental. O jovem foi promovido recentemente a vice-presidente executivo e sem dúvida está a caminho do topo. A Bíblia diz: *Se te voltares para o Todo-Poderoso, serás edificado* (Jó 22:23).

Abençoando aqueles cuja promoção, riqueza e sucesso nos incomodam ou nos despertam inveja, e desejando que se tornem ainda mais prósperos e bem-sucedidos de todos os modos, nós curamos nossa mente e abrimos a porta para as riquezas do Infinito. Da abundância de seu coração você pode emanar os dons de elogiar, amar, se alegrar e rir. Você pode dar uma injeção de coragem, fé e confiança para todos ao seu redor, e descobrirá que abençoando os outros também será abençoado e todos os sentimentos de inveja, inferioridade e carência serão superados.

Um estudante descobre as riquezas da mente tranquila

Um estudante do quarto ano de medicina me disse: "Dia e noite sou atormentado por uma ansiedade difusa e sombria, pelo medo do fracasso e pela apreensão em relação ao futuro." Ele disse que deu um branco em sua mente ao fazer uma prova, e ele só conseguiu responder a algumas das perguntas. O problema desse jovem era ansiedade e preocupação. Ele temia provas orais e escritas e estava dando ordens de ansiedade para a mente subconsciente. Desenvolveu estresse, causando-lhe um bloqueio mental.

Eu lhe sugeri que todas as noites, antes de dormir, ele afirmasse lenta e calmamente: "Eu estou relaxado, em paz, sereno e calmo. Tenho uma memória perfeita para tudo que preciso saber em todos os momentos do tempo e pontos do espaço. Sou Divinamente guiado em meus estudos e fico totalmente relaxado e em paz em todas as provas. Passo em todas as minhas provas na Ordem Divina, durmo em paz e acordo alegre."

Eu lhe expliquei que todas essas ideias entrariam no fundo de sua mente subconsciente, tornando-se parte dele e o fazendo se sair muito bem em uma prova oral ou escrita.

A última notícia que tive dele foi que está se saindo esplendidamente. A ansiedade desapareceu e as habilidades latentes e a lembrança de tudo que aprendeu foram libertadas. *No sossego e na confiança estaria a vossa força* (Isaías 30:15).

Meditação para as riquezas da mente tranquila

A meditação a seguir, repetida sempre, pode lhe trazer os desejos de seu coração de modos inesperados:

"Os que estão plantados na casa do Senhor florescerão nos átrios do nosso Deus." Eu estou quieto e em paz. Meu coração e minha mente são motivados pelo espírito da bondade, verdade e beleza. Meu pensamento está agora na Presença de Deus dentro de mim; isso aquieta minha mente.

Eu sei que o caminho da criação é o Espírito se movendo em Si Mesmo. Meu verdadeiro Eu agora se move em Si Mesmo criando paz, harmonia e saúde em meu corpo e meus negócios. Eu sou Divino em meu Eu mais profundo. Sei que sou filho do Deus vivo; crio como Deus cria, pela autocontemplação do Espírito. Sei que meu corpo não se move por si só. Ele age de acordo com meus pensamentos e minhas emoções.

Agora eu digo para o meu corpo: "Fique parado e quieto." Ele deve obedecer. Eu entendo isso e sei que é uma lei Divina. Tiro minha atenção do mundo físico; festejo na Casa de Deus dentro de mim. Festejo a harmonia, a saúde e a paz; essas coisas vêm do Deus-Essência dentro de mim. Eu estou em paz. Meu corpo é um templo do Deus vivo. "O Senhor está em seu Santo Templo; diante dele fique em silêncio toda a terra."

Pontos importantes a lembrar neste capítulo

1. Confúcio disse: "O homem superior está sempre quieto e calmo." A Bíblia diz: *No sossego e na confiança estaria a vossa força* (Isaías 30:15). O segredo da saúde, da riqueza e do notável sucesso é desenvolver o que é chamado de "mente tranquila". Usando certas palavras construtivas da Bíblia, que representam as verdades eternas de Deus e a Lei Divina,

O PODER MILAGROSO PARA ALCANÇAR RIQUEZAS INFINITAS

sua mente é ancorada na Presença Suprema, que responde quando você a chama.

2. Carlyle disse: "O silêncio é o elemento em que as grandes coisas se adaptam umas às outras." Emerson disse: "Fiquemos em silêncio para que possamos ouvir o sussurro dos deuses." O silêncio afirma que Deus o está guiando, que a sabedoria Divina governará todas as suas atividades do dia e que Deus pensa, fala e age através de você todos os dias. Reivindique a ação correta Divina em todos os seus empreendimentos. Pratique a meditação transcendental e imagine o rio de paz de Deus fluindo através de todo o seu ser. Fazendo isso, você receberá das profundezas de Si Mesmo respostas para todos os seus problemas, e maravilhas acontecerão em sua vida. Um homem que realiza esse procedimento já recebeu ideias que valem mais de US\$200 mil para a empresa dele.

3. Quando você aquieta sua mente e imobiliza sua atenção, percebe que só Deus sabe a resposta. Contemple a resposta, a solução, sabendo que antes mesmo de você pedir, a resposta é conhecida por seu Eu Superior. Você descobrirá que há respostas criativas em seu subconsciente que revolucionarão sua vida. Uma mulher, durante um período de silêncio domingo de manhã, teve um pensamento subliminar de sua mente subconsciente que lhe revelou que o homem com quem estava prestes a se casar já era casado e tinha dois filhos.

4. *Se permanecer calado, quem poderá condená-lo?* (Jó 34:29). As insinuações, afirmações e ações dos outros não podem machucá-lo. O poder criativo está em você — é o movimento de seu pensamento. O pensamento de outra pessoa o governa ou você governa sua mente? Quando seus pensamentos são pensamentos de Deus, o poder de Deus está com seus pensamentos no que é bom.

COMO USAR A MAGIA DA MENTE
PARA FAZER AS RIQUEZAS FLUÍREM

5. Se você tiver dificuldade em dormir, fale com seu corpo, dizendo-lhe para relaxar, deixar ir. Seu corpo lhe obedecerá, e então afirme devagar e calmamente: "Eu durmo em paz e acordo alegre, porque Ele cuida de mim."

6. Você pode acabar com a tensão excessiva e a ansiedade afirmando três ou quatro vezes por dia as verdades espirituais a seguir: *Tu guardarás em perfeita paz aquele cujo propósito está firme, porque em ti confia* (Isaías 26:3). *No sossego e na confiança estaria a vossa força* (Isaías 30:15). *Sujeite-se a Deus, fique em paz com Ele, e a prosperidade virá a você* (Jó 22:21). *Se permanecer calado, quem poderá condená-lo?* (Jó 34:29). Quando você se detiver nessas grandes verdades bíblicas, uma vibração terapêutica curativa permeará todo o seu corpo, e essas vibrações espirituais entrarão em seu subconsciente neutralizando todo o medo e as preocupações, quando então uma sensação de paz e tranquilidade o governará.

7. "A vida de um homem é tingida pela cor de sua imaginação." Um vendedor cujas vendas estavam caindo imaginou seu gerente de vendas parabenizando-o pelas excelentes vendas. Ele criou o hábito de ver seu filme mental duas vezes por dia, sentindo a naturalidade do aperto de mão do gerente, ouvindo-lhe a voz e adormecendo todas as noites com as seguintes palavras imaginárias: "Parabéns por seu esplêndido sucesso." Por repetição, ele implantou a ideia de promoção na mente subconsciente e, finalmente, conseguiu uma promoção maravilhosa e um aumento salarial.

8. O único lugar em que ocorre competição é em sua mente; e a ideia de sucesso e fracasso competem. Você nasceu para ser bem-sucedido, não para fracassar. O Infinito dentro de você não falha. Dedique sua atenção à ideia de sucesso e todos os poderes de sua mente mais profunda o apoiarão. Um

gerente de vendas tinha inveja de um ex-colega de classe, e não sabia que essa atitude mental estava lhe causando neurose de ansiedade e interferindo em seu crescimento. O remédio era simples. Ele decidiu abençoar e desejar prosperidade a seu ex-colega de classe, bem como todas as bênçãos da vida, e continuando a abençoá-lo os pensamentos de inveja perderam todo o ímpeto e a neurose de ansiedade desapareceu. Além disso, ele foi promovido a vice-presidente executivo. Ao abençoar o homem cuja promoção e cujo sucesso antes o incomodavam, ele também prosperou. A oração sempre faz prosperar.

9. Um estudante de medicina estava temeroso e apreensivo em relação às provas que faria. Na verdade, ele tinha medo de fracassar. Desenvolveu estresse, que bloqueia a mente. Ele afirmou antes de dormir: "Eu estou relaxado, em paz, equilibrado, sereno e calmo. O tempo todo e em todos os lugares tenho uma memória perfeita para tudo que preciso saber. Eu passo em todas as minhas provas na Ordem Divina. Durmo em paz e acordo alegre." Essas verdades adentraram-lhe a mente subconsciente, e agora ele está ótimo. Ele descobriu as riquezas da verdade: *No sossego e na confiança estaria a vossa força, mas não quisestes* (Isaías 30:15).

10. Você pode obter os benefícios de aquietar a mente usando a meditação do fim do capítulo.

CAPÍTULO 19
Como começar a viver como um rei quase da noite para o dia

A Bíblia diz: *Eu vim para que tenham vida, e a tenham plenamente* (João 10:10). Johann Goethe disse: "A vida é uma pedreira da qual devemos talhar e esculpir todo um caráter."

Você está aqui para ter uma vida plena, bem-sucedida e rica em todos os sentidos. Nasceu para vencer, conquistar e triunfar sobre todos os obstáculos. Está aqui para liberar seus maravilhosos talentos ocultos, abençoar a humanidade e se expressar no nível mais alto possível. Peça à Inteligência Infinita dentro de você que lhe revele seu verdadeiro lugar na vida, e siga o comando que virá nítida e distintamente à sua mente consciente e racional. Quando você encontrar sua verdadeira expressão na vida, será perfeitamente feliz, e saúde, riqueza e todas as outras bênçãos da vida o acompanharão.

Sua prosperidade e seu sucesso na arte de levar uma vida maravilhosa e gloriosa dependem de seu pensamento atual e do desejo de seu coração de mudar sua vida de alto a baixo. Lembre-se de que você vai para onde sua visão está, e sua visão é aquilo sobre o que está pensando, para onde dirige sua atenção, e o objeto em que está atualmente concentrado. Não importa a que você dedique sua atenção, seu subconsciente o ampliará e multiplicará em sua vida.

Como uma mulher descobriu US$45 mil que considerava perdidos

Enquanto escrevia este capítulo, fui interrompido por um telefonema interurbano de uma mulher na cidade de Nova York, informando-me de que havia seguido meu conselho e seu subconsciente lhe revelara onde o dinheiro estava escondido.

Há alguns meses, o marido, que jogava consideravelmente, havia morrido. Antes de morrer ele lhe havia informado que iria pôr os US$45 mil que havia ganhado nas corridas naquele dia na gaveta da escrivaninha, onde ficariam seguros. Depois da morte do marido, ela destrancou a escrivaninha e procurou em todas as gavetas, examinando todos os papéis e a correspondência, mas em vão.

Na ocasião de seu primeiro telefonema, sugeri que ela relaxasse, esquecesse aquilo totalmente, imobilizasse a atenção e, logo antes de dormir, entregasse seu pedido para sua mente subconsciente da seguinte maneira: "A Inteligência Infinita em meu subconsciente sabe exatamente onde os US$45 mil estão escondidos, e isso me será revelado agora. Eu agradeço pela resposta agora."

Na terceira noite depois de usar essa técnica, seu marido lhe apareceu em um sonho e lhe mostrou exatamente onde ficava a gaveta secreta e como abri-la, apertando um determinado botão. Ela acordou imediatamente e descobriu que as instruções estavam absolutamente corretas. Para a alegria e satisfação dela, havia US$45 mil em notas de US$20 empilhados com cuidado lá.

O aparecimento psíquico do marido em seu sonho foi simplesmente uma dramatização da mente subconsciente, sabendo que ela seguiria as instruções dadas de imediato e não pensaria que aquele era apenas um sonho inútil. As riquezas de seu subconsciente são de fato infinitas em seus modos de expressão.

COMO COMEÇAR A VIVER COMO UM REI
QUASE DA NOITE PARA O DIA

Riquezas ocultas reveladas pela meditação

Um jovem veio me ver alguns meses atrás e disse: "Eu sou um desajustado. Sinto-me totalmente deslocado. Sinto-me rejeitado e indesejado." Eu lhe expliquei que o depósito infinito de riquezas estava na mente subconsciente e que ele, como qualquer pessoa, podia aprender a explorá-lo e extrair dele toda a sabedoria, poder e ideias criativas de que precisava. Além disso, salientei que cada pessoa é única, e que não há nenhum desajuste em um universo regido pela Lei e Ordem; que não há duas pessoas iguais, como não há duas folhas de árvore ou dois cristais de neve iguais. O Infinito nunca se repete, porque a diferenciação infinita é a lei da vida e não existe algo como uma pessoa indesejada. Emerson disse: "Eu sou um órgão de Deus e ele precisa de mim onde estou, caso contrário eu não estaria aqui."

Essa simples explicação agradou ao jovem, e ele decidiu aplicar esta simples técnica de oração:

A Inteligência Infinita me revela meus talentos ocultos e me mostra o caminho que eu deveria seguir. Eu sei que a Inteligência Infinita está tentando se expressar através de mim, e sigo o comando que recebo. Sou um ponto focal de Vida Infinita assim como uma lâmpada é um ponto focal para a manifestação de eletricidade. A Vida Infinita flui através de mim em forma de harmonia, saúde, paz, alegria, crescimento e expansão em todos os sentidos. Eu agradeço pela resposta que é minha agora.

Alguns dias depois, ele sentiu um profundo desejo de fazer um curso de oratória em vendas aplicadas. Depois de alguns meses de treinamento, conseguiu um cargo como representante de um

O PODER MILAGROSO PARA ALCANÇAR RIQUEZAS INFINITAS

fabricante e se revelou um excelente vendedor e um trunfo para a empresa em que trabalhava.

Aceite a riqueza e a felicidade agora

Agora é a hora. Eu converso com muitas pessoas que estão sempre esperando por tempos melhores. Muitas dizem que um dia serão felizes, prósperas e bem-sucedidas. Algumas estão esperando os filhos crescerem e se casarem para ir à Europa e à Ásia, e ver muitos lugares desconhecidos e distantes. Uma pequena porcentagem das pessoas que encontro e com quem converso está esperando os velhos morrerem para decidir o que fazer.

Todas essas pessoas estão esperando que algo aconteça, em vez de perceber que Deus é o Eterno Agora — seu bem é agora, este momento, esperando que o reivindiquem. Como a esta altura você já viu neste livro, agora você está no comando para uma vida totalmente próspera.

Um homem disse que um dia ganharia na loteria e deixaria sua marca no mundo. A esposa disse que esperava se curar de sua alergia cutânea algum dia. Eu disse para ambos que todos os poderes de Deus estavam dentro deles mesmos. A paz é agora. Você pode afirmar que o rio de paz de Deus flui através de você agora. A Presença Curadora Infinita está disponível, e você pode afirmar que ela está fluindo através de você agora, tornando-o inteiro, puro e perfeito.

Eu expliquei para o marido e a esposa que a riqueza e a cura estão disponíveis agora. A esposa começou a afirmar de manhã e à noite o seguinte: "A Presença Curadora de Deus está saturando todo o meu ser e o Amor Divino flui através de todo o meu ser. Minha pele é um envelope para o amor de Deus e está inteira, pura e perfeita, sem marcas ou manchas."

COMO COMEÇAR A VIVER COMO UM REI
QUASE DA NOITE PARA O DIA

Uma semana depois, a esposa provou para si mesma que a Cura Infinita estava imediatamente disponível para ela, e se curou completamente.

Eu expliquei para o marido que a riqueza está disponível agora, que ela é um pensamento-imagem na mente. Ele começou a afirmar corajosamente: "A riqueza de Deus está agora circulando em minha vida. Eu estou gravando essa ideia em minha mente subconsciente, e sei que o que quer que eu imprima nela será compulsivo e eu serei compelido a expressar riqueza."

Enquanto ele continuava a rezar desse modo, novas ideias criativas surgiam de dentro dele. Ele fez grandes investimentos no mercado do ouro, tanto no do estrangeiro quanto no doméstico, e em questão de meses ganhara uma pequena fortuna. Ele tinha um sentimento preponderante, uma espécie de impulso intuitivo persistente de comprar esses certificados, e todos aumentaram muito e imediatamente. Ele provou para si mesmo que a riqueza está disponível aqui e agora.

Afirme suas riquezas espirituais, mentais e materiais agora

A força está *aqui* e *agora*. Invoque o Poder Infinito de Deus dentro de você e esse poder responderá, energizando, revitalizando e renovando todo o seu ser agora. O amor é agora. Afirme que o amor de Deus envolve e satura sua mente e seu corpo. Dê-se conta de que o Amor Divino está sendo filtrado através de você e se manifestando em todas as fases de sua vida. A orientação é agora. A Inteligência Infinita responde ao seu chamado. Só ela sabe a resposta e a revelará para você agora. Afirme seu bem agora. *Você não cria nada*; tudo que você faz é dar forma e expressão ao que sempre foi, agora é e sempre será.

Moisés e Jesus podiam ter usado um alto-falante, um rádio ou um televisor. A ideia ou o princípio pelo qual essas coisas são criadas sempre existiu na mente do Infinito. Quando Platão se referiu a "arquétipos da Mente Divina", estava se referindo ao fato de que há uma ideia ou um padrão na Mente Divina por trás de todas as coisas criadas no Universo.

Planeje um futuro mais rico agora

Lembre-se de que se você está planejando algo para o futuro, está planejando agora. Se está preocupado com o futuro, o está temendo agora. Por exemplo, se você está habitando no passado, está pensando nele agora. Você tem controle sobre seus pensamentos no presente. Tudo que tem de mudar são seus pensamentos no presente e mantê-los assim. Você está consciente de seus pensamentos no presente e tudo que pode perceber é a manifestação externa de seu pensamento habitual no momento presente.

Tome cuidado com os dois ladrões

O "passado" e o "futuro" são os dois ladrões. Se você está se deixando levar pelo remorso e pela autocrítica em relação aos erros e sofrimentos passados, a agonia mental que experimenta é a dor de seu pensamento presente. Se você está temeroso em relação ao futuro, está roubando de si mesmo alegria, saúde, felicidade e paz de espírito. Comece a contar suas bênçãos agora e se livre dos dois ladrões.

Pensar em um episódio alegre e feliz no passado é uma alegria no presente. Lembre-se de que os resultados de acontecimentos passados — bons ou ruins — não são nada além de representações de seu pensamento atual. Direcione seus pensamentos da maneira correta. Entronize em sua mente as ideias de paz, harmonia,

COMO COMEÇAR A VIVER COMO UM REI
QUASE DA NOITE PARA O DIA

alegria, amor, prosperidade e fortuna. *Finalmente, irmãos, tudo o que for verdadeiro, tudo o que for nobre, tudo o que for correto, tudo o que for puro, tudo o que for amável, tudo o que for de boa fama, se houver algo de excelente ou digno de louvor, pensem nessas coisas* (Filipenses 4:8).

Tome esse remédio espiritual regular e sistematicamente e você construirá um futuro glorioso.

A camareira pensa grande e obtém o que quer

Eu estou escrevendo este capítulo em Honolulu. Tive uma conversa muito interessante com a camareira do meu quarto no Surfrider Hotel, na praia. Eu dei a ela alguns livros e ela me disse que alguns meses antes um hóspede do hotel lhe dera *Your Infinite Power to Be Rich,* que ela leu avidamente, usando as técnicas para acumular riquezas nele descritas.

Ela acrescentou que após ler atentamente o livro, começou a pensar "grande" e fez uma afirmação para si mesma: "Eu agora possuo um lindo carro, que é uma ideia Divina da Mente Divina. Estou dirigindo-o para o trabalho e de volta para casa todos os dias. O carro está totalmente pago e eu o aceito agora em minha mente." O resultado da afirmação frequente e alegre antecipação foi que ela por acaso mencionou para um dos hóspedes que estava rezando por um carro. Esse hóspede era milionário e lhe disse casualmente: "Pode ficar com o meu carro. Vou comprar um novo hoje." O carro dele era um Cadillac com dois anos de uso e em excelente estado.

Ela disse: "Eu consegui exatamente aquilo pelo que rezei. Foi um presente totalmente descompromissado e agora estou rezando para a Inteligência Infinita me atrair um homem que se harmonize perfeitamente comigo. Eu sei que isso acontecerá também." Sem dúvida ela conseguirá a resposta que deseja porque está pensando "grande", e também porque entende que antes de pedir a resposta já é conhecida por sua mente subconsciente.

Como uma promoção e um maravilhoso aumento salarial foram conquistados

Um executivo júnior certa vez me disse que estava tentando muito conseguir uma promoção, mas acrescentou: "Outros estão na minha frente", "Terei de esperar", "Eu não tenho prioridade", e assim por diante. Eu lhe disse francamente que ele seria promovido; primeiro tinha de remover as barricadas e os obstáculos presentes na própria mente, como a crença em que teria de esperar talvez por vários anos.

Ele decidiu impregnar a mente subconsciente da ideia de promoção, sem prestar atenção alguma às circunstâncias, às condições ou ao elemento tempo, e sem buscar a promoção em ninguém, mas dedicando toda a sua lealdade e devoção à Inteligência Infinita dentro dele. Por conseguinte, afirmou lenta, calma e sinceramente várias vezes por dia: "A promoção é minha. Essas ideias entram em minha mente subconsciente e eu sei que minha mente mais profunda me compelirá a expressá-las."

Algumas semanas depois ele subitamente realizou seu objetivo desejado, ganhando mais prestígio e um maravilhoso aumento salarial.

Como uma viúva descobriu as riquezas escondidas na mente dela

Eu recentemente conversei com uma viúva que disse que havia rezado durante anos por um marido, mas nunca havia encontrado o homem certo. Ao falar com a mulher, descobri que ela sempre havia adiado o seu bem com afirmações como: "Eu gostaria de me

COMO COMEÇAR A VIVER COMO UM REI
QUASE DA NOITE PARA O DIA

casar quando me aposentar; então poderia viajar para diferentes partes do mundo e ser livre para aproveitar a vida com meu marido", "Eu nunca conheço os homens certos", e assim por diante.

Essa viúva estivera projetando seu casamento no futuro e malogrando seu próprio objetivo. Estava inconscientemente colocando obstáculos e atrasos na própria mente. Eu lhe expliquei que ela sempre deveria rezar no *agora* e lhe mostrei como fazer o tempo passar mais rápido percebendo, em primeiro lugar, que antes de experimentarmos alguma coisa devemos afirmá-la em nossa mente. Eu lhe expliquei que ela se casa com um personagem, ou um ideal em sua mente.

Por conseguinte, ela rezou frequentemente como se segue:

Eu estou muito bem casada agora com um homem maravilhoso e espiritualizado que combina perfeitamente comigo. Há amor mútuo, liberdade e respeito entre nós. Eu aceito esse homem agora, neste momento, em minha mente, e sei que as correntes profundas de minha mente unem nós dois na Ordem Divina.

Ela fez essa oração todas as noites por uma semana, tendo o sentimento e o prazer que teria se já estivesse casada. No fim desse tempo, um dos professores na escola a pediu em casamento, e mais tarde eu tive o privilégio de realizar a cerimônia. Ela provou para si mesma que é possível realizar o desejo do coração dela sem demora. Sua mente subconsciente era o agente matrimonial invisível.

Como ele garantiu riquezas e uma promoção

Recentemente um homem me visitou e, durante nossa conversa, ele me falou de seus muitos reveses. Ele culpou Deus por "puni-lo"

O PODER MILAGROSO PARA ALCANÇAR RIQUEZAS INFINITAS

com má sorte e coisas do tipo. Contudo, eu lhe expliquei que o Universo é sempre de Lei e Ordem e que Deus, entre outras coisas, é um princípio universal ou lei. Se um homem descumprir uma lei, sofrerá do modo devido. Não é uma questão de punição por um Deus com raiva. Pelo contrário, é uma questão impessoal de causa e efeito. Se, por exemplo, um homem usar mal a lei da mente, a reação será negativa, mas se ele usar a lei da mente corretamente, isso o ajudará, curará e o fará prosperar em todos os sentidos.

Eu lhe ensinei como se tornar um canal aberto à Vida Divina e lhe apresentei o seguinte processo de oração e meditação para usar frequentemente: "Eu sou um canal aberto e desimpedido do Divino, e a Vida Infinita flui livre e com alegria através de mim na forma de saúde, paz, abundância, segurança e ação correta. Eu promovo todos os meus produtos na Ordem Divina e estou constantemente tendo ideias novas e criativas. Estou constantemente me expandindo espiritual, mental e financeiramente, e libero o esplendor aprisionado dentro de mim.

Esse homem recebeu duas promoções nos últimos seis meses e me disse que a empresa à qual é associado lhe ofereceu o cargo de vice-presidente executivo. Ele acrescentou alegremente: "Eu parei de bloquear meu bem. Tirei, por assim dizer, o pé da mangueira e as águas da vida estão fluindo livremente para a minha vida."

Esse homem aprendeu a explorar as riquezas do Infinito. Além disso, parou de pôr o peso de sua mentalidade negativa no canal da vida. Shakespeare disse: "Todas as coisas estarão prontas se sua mente assim estiver." Que assim seja com você!

Meditação para avançar milagrosamente em direção à vida mais rica e ao sucesso financeiro

Usar esta meditação o mais frequentemente possível pode lhe render ótimos dividendos:

COMO COMEÇAR A VIVER COMO UM REI
QUASE DA NOITE PARA O DIA

"Não sabeis que me convém tratar dos negócios de meu Pai?" Eu sei que minha profissão ou atividade é o negócio de Deus. O negócio de Deus é sempre bem-sucedido. Todos os dias eu cresço em sabedoria e compreensão. Sei, acredito e aceito o fato de que a lei da abundância de Deus está sempre trabalhando a meu favor, através de mim e todos ao meu redor. Meu negócio ou profissão está repleto de ações e expressões corretas. As ideias, o dinheiro, as mercadorias e os contatos de que preciso são meus agora e o tempo todo. Tudo isso é irresistivelmente atraído para mim pela lei da atração universal. Deus é a vida de meu negócio; eu sou Divinamente guiado e inspirado de todos os modos. Todos os dias me são apresentadas maravilhosas oportunidades de crescer, me expandir e progredir. Eu estou aumentando a boa vontade. Sou um grande sucesso, porque faço negócio com os outros como gostaria que fizessem comigo.

Pontos importantes a lembrar neste capítulo

1. Você está aqui para levar uma vida abundante, uma vida cheia de amor, paz, alegria e riquezas. Comece agora a extrair as riquezas da casa do tesouro dentro de você.

2. Você vai para onde sua visão está. Tudo a que você der atenção seu subconsciente ampliará e multiplicará em sua experiência.

3. A Inteligência em seu subconsciente sabe a resposta para todos os problemas. Uma mulher queria saber onde US$45 mil haviam sido escondidos pelo seu falecido marido em sua casa. Ela entregou o pedido para sua mente consciente antes de dormir e sua mente mais profunda lhe mostrou exatamente onde o dinheiro estava.

4. Não existe pessoa indesejada em um universo regido pela Lei e pela Ordem. Cada pessoa é única e nasce com dons diferentes. Afirme que você é um órgão de Deus e que Deus precisa de você onde você está, caso contrário você não estaria aqui. Dê-se conta de que a Inteligência Infinita o está guiando para sua real expressão e você irá para a frente e para cima.

5. Aceite sua riqueza, saúde e sucesso agora. Pare de procrastinar. Deus é o Eterno Agora! Isso significa que seu bem é agora, este minuto. A riqueza é um pensamento-imagem em sua mente. Afirme que a riqueza de Deus está circulando em sua vida agora. Quando criar esse hábito, seu subconsciente o compelirá a expressar riqueza.

6. Afirme todo o seu bem agora. Lembre-se de que você realmente não precisa criar nada; tudo que tem de fazer é dar forma e expressão ao que foi, agora é e sempre será. Moisés e Jesus podiam ter usado um rádio, um televisor e todos os nossos meios de comunicação modernos. A ideia ou o princípio por trás de todas as descobertas sempre existiu na mente do Infinito.

7. Planeje um futuro rico e glorioso agora. Se você está planejando algo para o futuro, está planejando agora. Se está pensando no passado, está pensando nele agora. Você pode controlar o momento presente. Mude seu padrão de pensamento atual para que seja compatível com os ideais de saúde, riqueza e sucesso, e seu futuro estará garantido. Seu futuro é a manifestação de seu padrão de pensamento atual.

8. Cuidado com os dois ladrões. Se você está se entregando ao remorso por erros passados ou se preocupando com o futuro, deveria tomar cuidado com esses dois ladrões que lhe roubam vitalidade, discernimento e paz de espírito.

9. Pense "grande" e experimentará grandes coisas. Uma camareira afirmou corajosamente: "Eu agora possuo um lindo carro,

COMO COMEÇAR A VIVER COMO UM REI QUASE DA NOITE PARA O DIA

que é uma ideia Divina. Estou dirigindo-o quando vou para o trabalho e de volta para casa todos os dias. Ele está totalmente pago e eu o aceito agora." Ela ganhou de presente um carro maravilhoso. Foi assim que o subconsciente dela respondeu.

10. Nunca diga para si mesmo: "Eu devo esperar anos por uma promoção ou um aumento salarial." Nunca procrastine, porque isso bloqueia seu bem. Reze sempre no Agora. Seu subconsciente o interpreta literalmente, e quando você diz "terei de esperar", está bloqueando seu próprio bem. Afirme promoção e riqueza agora.

11. Quando você desejar se casar, nunca diga: "Eu gostaria de me casar quando me aposentar." Você está projetando o casamento para o futuro e malogrando seu objetivo. Afirme "Eu estou bem casada com um homem maravilhoso que combina perfeitamente comigo", e seu subconsciente responderá de acordo com isso.

12. Deus, o Princípio da Vida, nunca pune. O homem pune a si mesmo por mau uso da lei de sua mente. Pense no bem e o bem virá. Pense negativamente e o negativo virá. Use sempre esta oração: "Eu sou um canal aberto e desimpedido do Divino, e a Vida Infinita flui livre e alegremente através de mim com harmonia, saúde, paz, alegria, abundância e segurança." Lembre-se de que é tão fácil para Deus se tornar todas essas coisas em sua vida quanto se tornar uma folha de grama. Seja aberto e receptivo ao seu bem e descobrirá que "todas as coisas estarão prontas se sua mente assim estiver". (Shakespeare).

13. Use a meditação no fim do capítulo como guia perfeito para dar os passos milagrosos em direção a uma vida mais rica e financeiramente bem-sucedida.

CAPÍTULO 20
O plano vitalício para riquezas infinitas

A mente tranquila

Deus habita no centro do meu ser. Deus é Paz, e essa Paz me envolve nos braços Dele agora. Há um sentimento profundo de segurança, vitalidade e força subjacente a essa Paz. Essa sensação interior de paz, em que agora habito, é a Presença Reflexiva Silenciosa de Deus. O Amor e a Luz de Deus tomam conta de mim, como uma mãe toma conta do filho adormecido. No fundo do meu coração está a Santa Presença que é minha paz, minha força e minha fonte de suprimento.

Todo o medo desapareceu. Eu vejo Deus em todas as pessoas; vejo Deus se manifestar em todas as coisas. Sou um instrumento da Presença Divina. Agora libero essa paz interior; ela flui através de todo o meu ser dissolvendo todos os problemas; essa é a Paz que ultrapassa a compreensão.

Para equilíbrio mental

Para onde poderia eu escapar do Teu Espírito? Para onde poderia fugir da Tua Presença? Se eu subir aos céus, lá estarás, se eu fizer a minha cama na sepultura, também lá estarás.

Se eu subir com as asas da alvorada e morar na extremidade do mar, mesmo ali a tua mão direita me guiará e me susterá. Eu estou agora cheio de um entusiasmo Divino porque estou na Presença da Divindade. Estou na Presença de Todo o Poder, Sabedoria, Majestade e Amor.

A Luz de Deus ilumina meu intelecto; minha mente está repleta de equilíbrio e estabilidade. Há um perfeito ajuste mental a todas as coisas. Eu estou em paz com meus pensamentos. Rejubilo-me em meu trabalho; ele me dá alegria e felicidade. Constantemente recorro ao meu Depósito Divino porque ele é a única Presença e o único Poder. Minha mente é a mente de Deus; eu estou em paz.

Por paz e harmonia no dia a dia

Tudo é paz e harmonia em meu mundo, porque Deus em mim é o "Senhor da Paz". Eu sou a consciência de Deus em ação; estou sempre em paz. Minha mente está equilibrada, serena e calma. Nessa atmosfera de paz e boa vontade que me cerca, sinto uma profunda força e libertação de todo o medo. Agora sinto o amor e a beleza da Santa Presença de Deus. Cada dia fico mais consciente do amor de Deus; tudo que é falso desaparece. Eu vejo Deus personificado em todas as pessoas. Sei que enquanto deixo essa paz interior fluir através de meu ser, todos os problemas são resolvidos. Eu habito em Deus; por isso, repouso nos braços eternos de paz. Minha vida é a vida de Deus. Minha paz é a paz profunda e imutável de Deus. "É a paz de Deus, que excede todo o entendimento."

Para controlar as emoções

Quando um pensamento negativo de medo, ciúme ou ressentimento entra em minha mente, eu o suplanto com o pensamento de Deus. Meus pensamentos são os pensamentos de Deus, e o Poder de Deus está com meus pensamentos no que é bom. Eu sei que tenho completo domínio de meus pensamentos e de minhas emoções. Sou um canal do Divino. Agora redireciono todos os meus sentimentos e as minhas emoções em sentidos construtivos e de harmonia. "E todos os filhos de Deus jubilavam." Eu agora aceito as ideias de Deus que são de paz, harmonia e boa vontade, e tenho grande prazer em expressá-las; isso põe fim a toda a discórdia dentro de mim. Somente as ideias de Deus penetram em minha mente, trazendo-me harmonia, saúde e paz.

Deus é Amor. O Amor perfeito expulsa o medo, o ressentimento, todos os estados negativos. Eu agora me apaixono pela verdade. Desejo a todos os homens tudo que desejo para mim mesmo; irradio amor, paz e boa vontade para todos. Eu estou em paz.

Para superar todos os tipos de medo

Não há nenhum medo, porque "o Amor perfeito expulsa o medo". Hoje eu permito ao Amor me manter em perfeita harmonia e paz em todos os aspectos da minha vida. Meus pensamentos são amorosos, gentis e harmoniosos. Eu sinto minha unicidade com Deus, porque "Nele vivemos, nos movemos e existimos."

Eu sei que todos os meus desejos serão realizados na Ordem perfeita. Confio em que a Lei Divina dentro de mim fará com que meus ideais se realizem. "O Pai faz as obras." Eu sou divino, espiritual, alegre e absolutamente destemido. Estou agora cercado pela paz perfeita de Deus; essa é a paz de Deus que excede todo o entendimento. Agora dedico minha atenção ao objeto desejado. Eu o aprecio muito e lhe dedico toda a minha atenção.

Meu espírito é elevado para o estado de confiança e paz; esse é o espírito de Deus se movendo em mim. Ele me transmite uma sensação de paz, segurança e repouso. Realmente "o Amor perfeito expulsa o medo".

Para superar irritações em quaisquer circunstâncias

"O homem paciente dá prova de grande entendimento, mas o precipitado revela insensatez." Eu estou sempre equilibrado, sereno e calmo. A paz de Deus inunda minha mente e todo o meu ser. Eu pratico a Regra de Ouro e desejo paz e boa vontade para todos os homens com sinceridade. Eu sei que o amor e todas as coisas boas adentram minha mente expulsando todo o medo. Agora estou vivendo na alegre expectativa do melhor. Minha mente está livre de toda preocupação e dúvida. Minhas palavras de verdade agora dissolvem quaisquer emoções e sentimentos negativos dentro de mim. Eu perdoo todos: abro a porta do meu coração para a Presença de Deus. Todo o meu ser é inundado de luz e compreensão que vêm de dentro.

As coisas pequenas da vida não me irritam mais. Quando o medo, a preocupação e a dúvida batem na minha porta, fé na bondade, na verdade e na beleza a abrem, e não há ninguém lá. O Senhor é meu Deus, e não há nenhum outro além Dele.

Para encontrar a serenidade em qualquer circunstância

"Aquele que habita no abrigo do Altíssimo descansa à sombra do Todo-Poderoso."

Eu habito no lugar secreto do Altíssimo, que é minha mente. Todos os meus pensamentos são de harmonia, paz e boa vontade. Minha mente é a morada da felicidade, da alegria e de uma sensação profunda de segurança. Todos os pensamentos que entram em minha mente contribuem para minha alegria, paz e bem-estar geral. Eu vivo, me movo e tenho meu ser na atmosfera do bom companheirismo, amor e união.

Todas as pessoas que habitam em minha mente são filhos de Deus. Eu estou em paz em minha mente com todos os membros de minha família e toda a humanidade. O mesmo bem que desejo para mim desejo para todos os homens. Estou vivendo na casa de Deus agora. Reivindico paz e felicidade, porque sei que habitarei na casa do Senhor para sempre.

Para equilibrar a mente e tomar decisões sábias e inteligentes

"Tu guardarás em perfeita paz aquele cujo propósito está firme, porque em ti confia." Eu sei que os desejos do meu coração vêm de Deus dentro de mim. Deus quer me ver feliz. A vontade de Deus para mim é vida, amor, verdade e beleza. Eu aceito mentalmente o meu bem agora e me torno um canal perfeito para o Divino.

Eu venho à Vossa Presença cantando; entro na corte Divina com louvor; estou feliz, alegre, calmo e equilibrado.

A Voz Baixa e Tranquila sussurra em meu ouvido me revelando minha resposta perfeita. Eu sou uma expressão de Deus. Estou sempre em meu verdadeiro lugar fazendo o que amo fazer. Recuso-me a aceitar as opiniões do homem como verdade. Agora me volto para dentro e sinto o ritmo do Divino. Ouço a melodia de Deus me sussurrando Sua mensagem de amor. Minha mente é a mente de Deus, e eu estou sempre refletindo a Sabedoria e a Inteligência Divinas. Meu cérebro simboliza minha capacidade de pensar sábia e espiritualmente. As ideias de Deus se revelam dentro de minha mente em perfeita sequência. Eu estou sempre estável, equilibrado, sereno e calmo, porque sei que Deus sempre me revelará a solução perfeita para todas as minhas necessidades.

Para alcançar vitórias sobre todos os obstáculos a uma vida mais rica

Eu agora liberto tudo; percebo a paz, harmonia e alegria. Um só Deus e Pai de todos, que é sobre todos, por meio de todos e em todos. Levo uma vida triunfante, porque sei que o Amor Divino me guia, dirige, sustenta e cura. A Imaculada Presença de Deus está no próprio centro de meu ser. Ela se manifesta agora em cada átomo do meu corpo. Não há atraso, impedimento ou obstrução à realização do desejo de meu coração. O Todo-Poderoso está agora

O PLANO VITALÍCIO PARA RIQUEZAS INFINITAS

agindo em prol de mim. "Ninguém é capaz de resistir à mão Dele nem de dizer-Lhe: 'O que fizeste?'" Eu sei o que quero; meu desejo é nítido e definido. Eu o aceito totalmente em minha mente. Permaneço fiel até o fim. Entrei no silêncio interior sabendo que minha prece é atendida e minha mente está em paz.

Este livro foi composto na tipografia
Adobe Garamond Pro em corpo 11/15, e impresso
em papel off-white no Sistema Digital Instant Duplex
da Divisão Gráfica da Distribuidora Record.